Carrière

Steinbruch ethnologisch - kulturwissenschaftlicher Beiträge

Carrière

Steinbruch ethnologisch-kulturwissenschaftlicher Beiträge

Herausgegeben von Kalden-Consulting

Holger Zinn

Die Philipps-Universität Marburg und ihre Studentenschaft im Jubiläumsjahr 1927

Die Deutsche Bibliothek – CIP Einheitsaufnahme

Kalden, Wolf Hannes (Hg):
Carrière - Steinbruch ethnologisch-kulturwissenschaftlicher Beiträge
Band: Zinn, Holger: Die Philipps-Universität Marburg und ihre Studentenschaft im Jubiläumsjahr 1927.

Buch: ISBN 978-3-942818-26-1
E-Book: ISBN 978-3-942818-27-8

Herstellung: Books on Demand GmbH, Norderstedt

Alle Bilder aus der Sammlung Holger Zinn.

Biographische Informationen der Deutschen Bibliothek

Die Deutsche Bibliothek verzeichnet diese Publikation in der Deutschen Nationalbibliographie; detaillierte bibliographische Angaben sind im Internet über http://dnb.ddb.de abrufbar.

Inhaltsverzeichnis

Die Philipps-Universität Marburg und ihre Studentenschaft im Jubiläumsjahr 1927

Dir mein Lied, o Marburg, gilt,
treu gedenk ich dein,
nimmer soll dein trautes Bild
mir vergessen sein.

Carl Israël 1927

Das 400. Gründungsjubiläum der Universität Marburg war die wohl wichtigste und größte universitäre Veranstaltung, die Marburg je gesehen hat. Carl Israël (1866 - 1927) hat dieses Jubiläum leider nicht mehr miterlebt, obwohl er schon im Vorfeld Lieder und Gedichte zum Jubiläum seiner *alma mater philippina* gedichtet hatte. Carl Israël hat ein wahrlich großes Fest nicht mehr mitfeiern dürfen.

Doch neben allen Feierlichkeiten war die zweite Hälfte der 1920er Jahre aber auch durch massive Veränderungen gerade in der Studentenschaft der Universität Marburg - Politisierung und Wandel zur Massenuniversität seien hier als wesentliche Stichworte genannt - gekennzeichnet.

Als Alter Herr des Marburger Wingolf war Carl Israel gerade an den Entwicklungen in der Studentenschaft an seiner Universität Marburg interessiert und verfolgte diese auch sehr genau.

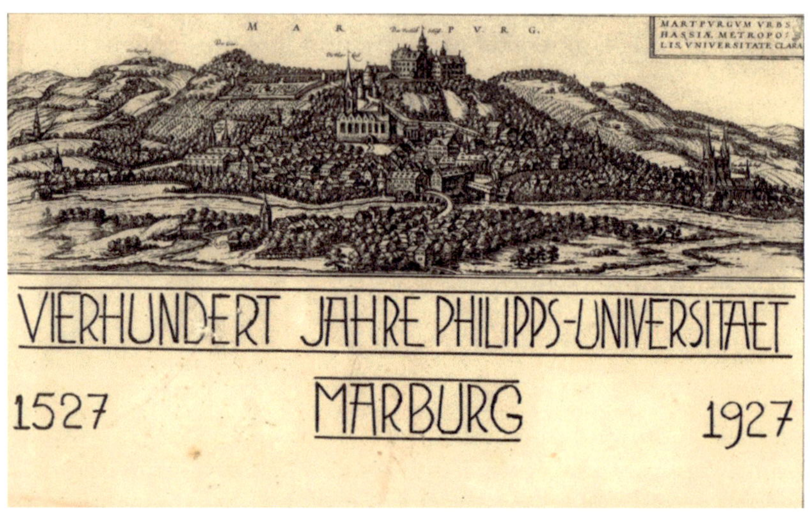

Vorder- und Rückseite einer Postkarte mit zwei Sonderstempeln anlässlich des Marburger Universitätsjubiläums (Quelle: Sammlung H. Zinn)

Der Strukturwandel der Studentenschaft Marburg in den 1920er Jahren

Zu Beginn der Betrachtung über den Wandel in der Studentenschaft in Marburg steht ein Überblick über ihre Struktur und deren Veränderungen insgesamt, sowohl nach Fakultäten als auch nach Geschlechtern gegliedert, um die Universität Marburg in die deutsche Hochschullandschaft einordnen zu können.[1]

Um 1925 waren rund 3,3% aller knapp 60.000 Studierenden im Reich an der Universität Marburg immatrikuliert und die Philipps-Universität war mit circa 2.000 Studenten in einer Rangliste der deutschen Universitäten etwa auf Platz 11.[2] Im Verhältnis zu seiner Einwohnerzahl hatte Marburg die zweitmeisten Studenten im Deutschen Reich: Bei einer Einwohnerzahl von rund 23.000[3] Einwohnern war im Jahre 1925 etwa jeder 11. Einwohner Student.[4]

Von den Studierenden an der Universität Marburg waren um 1925 rund 85% männlichen und bereits 15% weiblichen Geschlechts. Im Deutschen Reich betrug der Anteil der Frauen an der Gesamtzahl der Studierenden um 1925 11,5%.[5] Der Anteil der Studentinnen lag seit Ende des Ersten Weltkrieges in Marburg immer zwei bis drei Prozentpunkte über dem Durchschnitt der Universitäten des Deutschen Reichs.[6]

Einen Überblick über die Bedeutung der einzelnen Fakultäten gibt die folgende Tabelle:

---

[1] Alle Zahlen entnommen aus Titze (1987) und Titze (1995). Diese Zahlen stimmen jedoch nur in den seltensten Fällen mit den von der Universität veröffentlichten Zahlen überein.

[2] Vgl. Titze (1987), S. 30 und Titze (1995), S. 434.

[3] Vgl. Koshar (1986a), S. 34.

[4] Vgl. Statistik (1928), S. 69 und S. 105.

[5] Vgl. Kater (1972), S. 231 und Mertens (1991), S. 8.

[6] Vgl. Titze (1987), S. 42 f. und Titze (1995), S, 432 ff.

Fakultät	Summe	männlich	weiblich
Theologische Fakultät	224	208	16
	8,10 %	9,09 %	3,34 %
Juristische Fakultät	896	868	28
	32,38 %	37,93 %	5,85 %
Recht	856	836	20
	30,94 %	36,54 %	4,18 %
Staatswissenschaften	40	32	8
	1,45 %	1,40 %	1,67 %
Medizinische Fakultät	559	491	68
	20,20 %	21,46 %	14,20 %
Humanmedizin	412	367	45
	14,89 %	16,94 %	9,39 %
Zahnmedizin	101	93	8
	3,65 %	4,06 %	1,67 %
Pharmazie	46	31	15
	1,66 %	1,35 %	3,13 %
Philosophische Fakultät	1087	720	367
	39,28 %	31,47 %	76,62 %
Philosophische Abteilung	651	390	261
	23,53 %	17,95 %	54,49 %
Math.-Nat. Abteilung	436	330	106
	15,76 %	14,42 %	22,13 %
Sonstige	1	1	0
	0,04 %	0,04 %	0,00 %
Gesamtsumme	**2767**	**2288**	**479**
	100,00 %	**100,00 %**	**100,00 %**

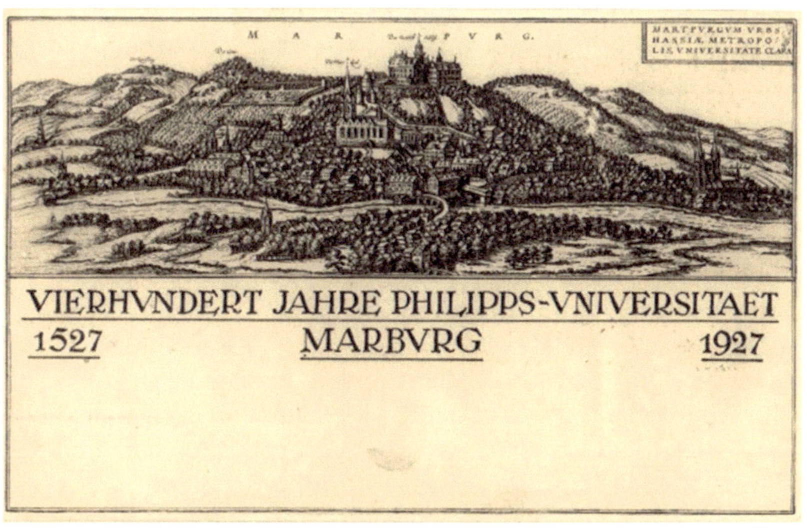

Stich mit Ansicht Marburgs anlässlich des Jubiläums
(Quelle: Sammlung H. Zinn)

Von besonderer Bedeutung ist für Marburg eine Betrachtung des Alters der Studierenden, da sich aufgrund dieser Zahlen Rückschlüsse auf die Stellung der Universität Marburg ziehen lassen. Um 1925 waren rund 84% aller Studenten im Jahr 1901 oder später geboren, während dies im Reich für 75% der Studierenden galt. Auch war die Zahl der vor 1894 geborenen Studenten mit 0,89% in Marburg deutlich geringer als im Vergleich zum Reichsdurchschnitt von 3,17%.[7] Geht man von einer etwa gleich langen Studiendauer an den einzelnen Hochschulen im Deutschen Reich aus, so kann man eine Abwanderungsbewegung weg von Universität Marburg feststellen. Der empirische Beweis für eine junge oder auch Anfängeruniversität ist dadurch erbracht.

Als Ergebnis der Analyse der regionalen Herkunft der Studentenschaft der Universität Marburg ist für den Betrachtungszeitraum eine klare Ausrichtung auf Preußen zu erkennen. 16,1% der Studenten kamen Mitte der zwanziger Jahre aus der Rheinprovinz, 14,7% aus Westfalen, 22,5% aus Hessen-Nassau, 5,6% aus Hannover und 24% aus dem restlichen Preußen, wobei ein Schwerpunkt auf den Großstädten lag. Somit stammten also über 82,9% der Studierenden aus Preußen, obwohl die Philipps-Universität Marburg die am südlichsten gelegene Universität Preußens war. 13,6% der Studierenden kamen aus anderen Ländern des Reichs, und der Ausländeranteil lag mit 3,5% in Marburg deutlich unter dem Reichsdurchschnitt von 5,6%.[8]

Zur sozialen Herkunft der Studenten an der Philipps-Universität gibt eine Befragung der Deutschen Studentenschaft Auskunft: Bei der Frage nach dem Beruf des Vaters fällt für Marburg der mit 33,7% (25,4%) hohe Anteil von Akademikerkindern auf.[9] Weitere

---

[7] Vgl. StAWü, RSF I 06 p 564, Sozialerhebung der D.St., eigene Berechnungen.

[8] Vgl. Titze (1987), S. 43 und Titze (1995), S. 432 f.

[9] Vgl. StAWü, RSF I 06 p 564, Sozialerhebung der D.St. Unter diese Gruppe fallen folgende Berufsbezeichnungen: höherer Beamter, Lehrer, Geistlicher,

14,7% (18,9%) gaben an, dass der Vater in gehobener Stellung in der Wirtschaft tätig oder dem Großgrundbesitzertum zuzurechnen sei.[10] Eine dritte Gruppe bildete die der Rentner, mittleren Beamten und Angestellten und der Volksschullehrer. Ihr gehörten 27,2% (24,4%) der Studentenväter an. Die vierte Gruppe der Unterbeamten, Kleinhändler und gewerbetreibenden Handwerker stellte 19,4% (20,9%) und die der Kleinbauern 4,8% (5,7%) der Studentenväter. Auffällig ist der mit 0,2% (3,5%) sehr geringe Anteil von Arbeiterkindern an der Studentenschaft der Philipps-Universität in der Weimarer Republik.[11] Marburg war also eine überdurchschnittlich mittelständisch orientierte Universität.

Bei der Analyse des sozialen Umfeldes ist weiterhin die Religionszugehörigkeit heranzuziehen. Für 1927 liegen zwar keine exakten Zahlen vor, doch stellt die Hochschulstatistik des Deutschen Reichs von 1928 einen Anteil von 88% (61,00%) Protestanten bei den Marburger Studenten fest. Die restlichen Studenten waren 1928 mit einem Anteil von 10,8% (27,48%) katholischen Glaubens. Nur 0,64% (3,34%) der Studenten in Marburg waren Juden und 0,58% (8,18%) wurden in der Kategorie sonstige Glaubensrichtungen geführt.[12]

Arzt, Anwalt, Offizier, Hochschullehrer, Künstler und Schriftsteller, Apotheker.

[10] Vgl. StAWü, RSF I 06 p 564, Sozialerhebung der D.St. Unter diese Gruppe fallen folgende Berufsbezeichnungen: Großgewerbetreibende, Händler, Großgrundbesitzer, Privatbeamte in leitender Stellung und Vertreter, Agenten und Ingenieure. Zahlen für das Deutsche Reich in Klammern.

[11] Vgl. StAWü, RSF I 06 p 564, Sozialerhebung der D.St. Sowohl auf Marburg als auch auf das Reich bezogen, gaben 1,2% der Befragten keine Antwort auf die ihnen gestellte Frage. Vgl. hierzu auch OZ vom 5.09.1925, S. 2, Art. „Die Universitäten in Preußen".

[12] Vgl. Zinn (2002), S. 76. Zahlen für das Deutsche Reich in Klammern.

Marburger während studentischer Stiftungsfeste etwa 1925
(Quelle: Sammlung Holger Zinn)

Am Anfang des Abschnitts über die gesellschaftlichen Organisationen der Marburger Studenten steht eine quantitative Einschätzung der Beteiligung von Studenten an den Organisationen.[13] Da es keine genauen Zahlen über die Verteilung auf die einzelnen Organisationsformen der Studentenschaft gibt, können nur Schätzungen herangezogen werden. Über zwei Drittel der männlichen Marburger Studenten waren um 1925 in Studentenverbindungen oder korporationsähnlichen Vereinigungen organisiert. Der Anteil der Freistudenten, deren Aktivitäten in den Quellen und in der Literatur nur schwer nachzuvollziehen sind, betrug in Marburg nach Schätzungen weniger als ein Drittel der Studentenschaft, was deutlich unter dem Reichsschnitt lag.[14]

---

[13] Zur frühen Geschichte der Korporationen vgl. Schulze; Ssymank (1932); Klose (1967); Gladen (1988); Krause (1987); Populärwissenschaftlich: Richwien (1998); oberflächlich: Grimm; Besser-Walzel (1986); einseitig: Schäfer (1977); aus Sicht eines DDR-Ideologen: Stefan (1985) und aus Sicht der DDR-Geschichtssschreibung: Flaschendräger; Steiger (1981).

[14] Vgl. hierzu Seier (1977), S. 341. Schwarz (1971), S. 106 geht von einem Anteil der Korporierten von 50-60% an der Gesamtstudentenzahl im Deutschen Reich aus. Kater (1975), S. 80 und Bleuel; Klinnert (1967), S. 8 nennen einen Anteil von rund 60%. Giles (1985), S. 69, nennt einen Anteil von 60% für die Zeit um 1931, dem Zeitgenossen zustimmen (Vgl. Der Student, Jg. 11 (1931), Nr. 2, S. 13, Art. „Die Korporationsstudenten in der Mehrheit"). Böth (1977), S. 33 nennt ohne Beleg die relativ hohe Zahl von 70% der Studenten, die in Marburg Mitglied einer Verbindung waren. Schneider (1988), S. 114 geht sogar noch weiter und nimmt an, daß in Marburg in der Weimarer Republik 80% aller Studenten angehörten. Eine zeitgenössische Statistik bieten die Mitteilungen des Universitätsbundes aus dem Jahr 1931. Aus den in den Mitteilungen des Universitätsbundes, Jg. 11, Heft 3, S. 53 genannten Zahlen ergibt sich ein Anteil der Korporierten an der gesamten Studentenschaft von 75%. Der Anteil der Korporierten bei den männlichen Studenten lag nach diesen Zahlen bei 97%. Geht man von der Hypothese aus, dass nur 95% der Aktiven und 75%

Neben den Studentenverbindungen existierte in Marburg erstens eine nicht unbedeutende Anzahl von studentischen Vereinen, die sich hauptsächlich wissenschaftlichen Fragen zuwandte. Zweitens waren religiöse Gruppen aller Konfessionen in der Studentenschaft tätig. Drittens gab es Gruppen, die sich aus der Jugendbewegung entwickelt hatten. Zwischen allen bisher genannten Gruppen gibt es wiederum Berührungspunkte und Überschneidungen in den Inhalten und auch in Bezug auf Doppelmitgliedschaften, so dass eine in Inhalt und Umfang fast unüberschaubare studentische Subkultur im Laufe der Jahre in Marburg entstand.[15]

Einen fast vollständigen Überblick über die Vielfalt der in Marburg um 1925 bestehenden studentischen Gruppen gibt das Marburger Universitätstaschenbuch für das Wintersemester 1925/26 und das Sommersemester 1926.[16] So war an der Universität Marburg zu Beginn der Untersuchungsperiode eine große Zahl farbentragender und schlagender Verbindungen beheimatet. Zu ihnen zählten die Corps im Kösener Senioren Convents-Verband (K.S.C.V.) Teutonia, Hasso-Nassovia, Guestphalia und Rhenania-Straßburg zu Marburg, die Burschenschaften Arminia, Germania, Alemannia und Rheinfranken, die alle Mitglieder in der Deutschen Burschenschaft (D.B.) waren. Die Deutsche Landsmannschaft (D.L.) war an der Universität Marburg mit den Landsmannschaften Hasso-Borussia, Hasso-Guestfalia und Nibelungia, der Vertreter-Convent der Turnerschaften an deutschen Hochschulen (V.C.) mit den Turnerschaften Philippina, Schaumburgia und Saxonia vertreten. Daneben bestanden die Studentenverbindung Chattia, das Corps Irminsul, die Burschenschaft Sigambria, die freie Burschenschaft Normannia, die wissenschaftliche Verbindung Tuiskonia als weitere schlagende und farbentragende Verbindungen. Zu ihnen gesellten sich die nicht farbentragenden schlagenden Verbindun-

---

der Inaktiven in Marburg studierten, sinken die oben genannten Anteilsätze auf realistische 62 bzw. 80%.

[15] Vgl. Zinn (2002), S. 82.

[16] Vgl. ausführlich Sikorski; Kayßer (1925).

gen der V.D.St. Marburg, die ATV Marburg, die Sängerverbindung Fridericiana, die mathematisch-naturwissenschaftliche Verbindung Markomannia, die akademische Sport-Verbindung[17]. Aus der Gruppe der nicht-schlagenden, farbentragenden Verbindungen waren in Marburg um 1925 die überkonfessionellen Korporationen Marburger Wingolf und Schwarzburgbund Franconia sowie die katholischen Verbindungen V.K.D.St. Rhenania und K.D.St.V. Palatia vertreten. Zu ihnen gesellten sich die nicht-farbentragende nicht-schlagende Verbindung katholische K.St.V. Thuringia und der wissenschaftliche katholische Studentenverein Unitas. Als Verbindungen für weibliche Studierende existierten in Marburg der Verein katholischer Studentinnen Friedhort und der Marburger Studentinnenverein.[18]

Eine Sonderstellung als Vereinigung zwischen Jugendbewegung und Studentenverbindung stellte die Akademische Vereinigung Marburg dar.[19] Rein der Jugendbewegung zuzurechnen war der Marburger Jugendring, der einen Zusammenschluss von Einzelstudenten und jugendbewegten Gruppen darstellte.[20] Diese Vereinigungen, die aus der Jugendbewegung[21] und dem Wandervogel hervorgegangen waren und seit 1923 an Bedeutung gewannen, stellten eher lose Zusammenschlüsse dar, die „durchweg das Duell, Mensur, das Kneipwesen und alle steifen Geselligkeits-

---

[17] Vgl. Sikorski; Kayßer (1925), S. 211 und StAM, Best. 305a acc. 1950/9, Nr. 217. Hier wird der Bund jedoch noch Akademische Sport-Vereinigung genannt.

[18] Überblick nach Sikorski; Kayßer (1925), S. 148 ff.; Heer (1927), S. 205 ff. und Doeberl (1931), S. 943 ff.

[19] Vgl. auch Kröger; Thimme (1996), S. 20 f. und Klose (1967), S. 214 f.

[20] Heer (1927), S. 185 f. nennt explizit die A[kademische] V[einigung] und die Marburger Freischar als Vorkriegsgründungen und verweist auf weitere, die er jedoch nicht namentlich aufzählt. Vgl. auch StAM, Best. 305a acc. 1950/9, Nr. 184. Zum Marburger Jugendring war zudem der alte Marburger Wandervogel zu rechnen.

[21] Bedeutung und Entstehung der Jugendbewegung für die Studentenschaft: Bleuel; Klinnert (1967), S. 42 ff. und Kater (1975), S. 92 f.

formen ablehnten."[22] Bewusst wollten sie ein Gegenstück zu den traditionellen Korporationen darstellen und orientierten sich deshalb eher an der Tradition des Wandervogel, der als eine Protestbewegung gegen die erstarrte bürgerliche Welt entstanden war.[23] Diese Bünde standen in Marburg zwar meist fest auf völkischem Boden[24], doch war ihr Gedankengut, wie es in der Meißner-Formel 1913 formuliert wurde, nicht einheitlich und sehr unpräzise, somit also nur schwer zu erfassen.

Eine Sonderform der studentischen Vereinigung, die „Ansätze zu korporativer Gestaltung [hatte]"[25], stellte auf christlicher Basis die Deutsche Christliche Studentenvereinigung und ihr Gegenstück für weibliche Studierende die Deutsche Christliche Vereinigung Studierender Frauen dar.[26]

Über die um 1925 bestehenden Fachvereine gibt das Universitätstaschenbuch von Sikorski und Kayßer keine Auskunft. Bei Heer wird lediglich angemerkt, dass es außer „mehreren politischen, religiösen, wissenschaftlichen, Sport- und Fachvereinen die Freie Studentenschaft, die akademische Freischar, die Akademische Loge und die Freie Hochschulgemeinde"[27] gab, eine genauere Bestimmung der Inhalte und Ziele dieser Vereinigungen erfolgte jedoch nicht.[28]

---

[22] Schwarz (1971), S. 108.
[23] Vgl. Bleuel; Klinnert (1967), S. 42 sowie Peukert (1987), S. 26 ff. und S. 93.
[24] Vgl. Leisen (1964), S. 84 und Kater (1975), S. 92.
[25] Heer (1927), S. 210.
[26] Einen Überblick über Arbeit und Ziele der D.C.S.V. und der D.C.S.V.F. geben Holland (1931) und Müller (1931).
[27] Vgl. Heer (1927), S. 186.
[28] Vgl. Heer (1927), S. 210.

Studentenlokal Bopps Bierhalle im Sommersemester
(Quelle: Sammlung H. Zinn)

Über den Einzelinteressen der Verbindungen und Vereinigungen standen in Marburg der Marburger Korporationsausschuß (M.K.A.) und der Marburger Waffenring (M.W.R.). Die Aufgaben des bereits 1918 entstandenen M.K.A.[29] waren, „die Zusammenarbeit und die Interessenvertretung aller im M.K.A. vertretenen Korporationen im Allgemeinen Studentenausschuß und nach außen hin [sicherzustellen]", „nach außen hin das Interesse der Korporationen gegenüber anderen studentischen Einrichtungen [zu vertreten]" und „vorbereitende Maßnahmen bei öffentlichen Ehrungen und bei Umzügen der Korporationen [zu treffen]"[30]. Damit war der M.K.A. auch Ansprechpartner der Universitätsleitung und der Studentenschaft, wenn es darum ging, in welcher Form die Repräsentanten der Studenten bei offiziellen Veranstaltungen der Universität teilnahmen.[31]

„Der Marburger Waffenring, gehört[e] dem Allgemeinen Deutschen Waffenring (A.D.W.) an und dient[e] der Vertretung gemeinsamer waffenstudentischer Belange."[32] Mitglieder waren um 1925 alle Marburger Verbindungen, die auf dem Grundsatz der unbedingten Genugtuung standen. Aber auch Freistudenten, die bei der Wahl ihrer Vertreter zum Ehrenrat des Allgemeinen Burschen-Comment (A.B.C.) in dem dabei abzugebenden verschlossenen Umschlag angaben, Satisfaktion mit der Waffe zu geben,[33] unterlagen der Satzung des M.W.R. Aufbauend auf dem A.B.C.

---

[29] Zur Entstehungsgeschichte des M.K.A. vgl. OZ Jubiläumsausgabe zum Universitätsjubiläum 1927, Art. „Studentisches Verbindungswesen in Marburg seit 60 Jahren", III. Abschnitt und Heer (1927), S. 182 f.

[30] Sikorski; Kayßer (1925), S. 146.

[31] Vgl. BAK, R 143/3, Blatt 178, Stellungnahme des M.K.A. zum Rundschreiben Friedhort über die Benachteiligung beim Chargieren vom 28.12.1931.

[32] Sikorski; Kayßer (1925), S. 146.

[33] Vgl. o.V. (1924a), Wahlordnung § 6.

vertiefte die Satzung des M.W.R. deshalb den Bereich der Genugtuung mit der Waffe, dem Säbel und der Pistole.[34]

Nach der Darstellung der Organisationsformen des studentischen Lebens ist in einem weiteren Schritt auf das gesellschaftliche Leben selbst einzugehen, da erstens durch die verbesserten ökonomischen Rahmenbedingungen die Studierenden Mitte der zwanziger Jahre in Marburg wie überall erneut ein gesteigertes Maß an gesellschaftlicher Aktivität entfalten konnten. Zweitens versuchten in den Jahren nach 1918 die Studenten in hohem Maß, das aus dem Ersten Weltkrieg hervorgegangene Gemeinschaftsgefühl zu leben und zu kultivieren. Dies geschah bei freien und einzelnen Studenten, aber auch, und dort in besonders großem Umfang, in traditionellen studentischen Gruppen, Vereinigungen und Institutionen.[35]

Für Marburg kann festgehalten werden, dass sich das Verbindungsleben nach Krieg und Inflation um 1925 auf niedrigerem Niveau als vor 1914 stabilisiert hatte und sich langsam wieder in den alten Bahnen zu bewegen begann. Neu war, dass ein gesteigerter Wert auf Sport allgemein und bei den schlagenden Verbindungen auf das Fechten gelegt wurde und dass viele Bünde mehr Wert darauf legten, die Allgemeinbildung und die politische Bildung ihrer Mitglieder zu steigern.[36]

Über freistudentisches Leben lässt sich in diesem Zusammenhang nicht viel aussagen, da die Lebensgewohnheiten, Sitten und Gebräuche derjenigen, die nicht Mitglied in irgendeiner Art von Verein waren, kaum oder nur so dokumentiert sind, dass sie nicht verallgemeinerbar sind. Einige grundsätzliche Aussagen können jedoch trotzdem gemacht werden. Erstens kann davon ausgegangen werden, dass das freistudentische Leben unreglementierter verlief als das korporationsstudentische. Grund hierfür war

---

34 Vgl. o.V. (1924b), Stück 5.
35 Spranger (1930), S. 27.
36 Vgl. Zinn (2002), S. 83.

die dauernde Einbindung der Korporationsstudenten in den Betrieb ihrer Verbindungen.[37] Daraus ergab sich zweitens die Möglichkeit der Freistudenten, ein verstärktes Engagement auf anderen Gebieten, die von politischen über den sozialen und religiösen bis zum familiären Bereich reichen konnten, zu entfalten. Drittens konnte dieses Mehr an freier Zeit dazu genutzt werden, das Studium intensiver zu betreiben.

Ähnliches gilt für die weiblichen Studierenden, die, ob korporiert oder nicht, in ihren Lebensgewohnheiten nur in Einzelfällen zu erfassen sind, wodurch es unmöglich wird, einen allgemeinen Überblick über ihre Lebensverhältnisse abzugeben.

Was jedoch für alle Studierenden gilt, sind einige Unterschiede zur heutigen studentischen Lebensweise. So spielte sich damals das Studentenleben nur während des Semesters ab. In den Semesterferien verließ die Mehrzahl der Studierenden Marburg. Dies ging so weit, dass die Zimmer, die meist ein Frühstück im Preis einschlossen, jeweils zum Semesterende gekündigt wurden und zu Beginn des neuen Semesters die Zimmersuche von neuem begann. Auf den Häusern der Korporationen wohnte um die Mitte der zwanziger Jahre kaum ein Student, Studentenwohnheime entstanden in Marburg erst in späteren Jahren ab 1927 im Zusammenhang mit dem Universitätsjubiläum.

Neben der Freizeit gehörte auch das Studium zum Leben der Studenten. Doch wird in der Überlieferung nur wenig über die Inhalte des Studiums berichtet. Dennoch kann der Eindruck, dass Marburg eher eine Universität des Bummels war als eine Arbeitsuniversität, nicht von der Hand gewiesen werden.[38] Hierfür sprechen verschiedene Gründe. Erstens ist die hohe zeitliche Belastung einer großen Zahl von Studenten durch Korporationen und Vereine zu nennen.[39] Der zweite Grund ist der Status Mar-

---

[37] Exemplarisch hierzu: Vassel (1979), S. 248.
[38] Vgl. Kater (1975), S. 35.
[39] Vgl. exemplarisch Schaumburgia (1929), S. 54.

burgs als Anfänger- und Sommeruniversität. Viele Studenten kamen nach Marburg, um unbeschwerte Semester zu verleben, bevor es an die Großstadtuniversitäten ging, wo dann zügig studiert wurde; andere spannten von den arbeitsintensiven Semestern an einer sogenannten Arbeitsuniversität während eines Sommersemesters im idyllischen Marburg aus.

Neben den rein quantitativen Veränderungen unterlag auch das Wertesystem der Studentenschaft einem Wandel: Als nach Kriegsende die Studenten wieder in die Hochschulen zurückkehrten, erwartete sie eine völlig neue Welt, deren Werte jedoch von den Vertretern einer alten, untergegangenen Ordnung propagiert wurden.[40] Hierbei unterschied sich die Lage an der Philipps-Universität Marburg in keiner Weise von den anderen Hochschulen der Weimarer Republik. Beim Versuch, den „Anschluß an die geistige und politische Welt in der Heimat wiederzugewinnen"[41], kam man den heimkehrenden Studenten von keiner Seite mit Hilfe entgegen. Enttäuscht von der Hochschule[42] und der älteren Generation, die keine Antworten auf die Fragen der Kriegsteilnehmer geben konnte, und von den Parteien, die in Parteibürokratie erstickten, Eigeninteressen vertraten und nach Meinung der Studentenschaft am Prestigeverlust der Akademiker schuld waren[43], statt dem inneren Verlangen der Studenten nach Gemeinschaft zu entsprechen, suchte die Studentenschaft neue Wege.[44] Auf der Suche nach neuen Lebensinhalten entwickelte sich die völkisch-nationale Bewegung[45] in der Studentenschaft, die einerseits eine „Überzeugungsgemeinschaft ideellen Charakters, ohne unmittelbare Beziehung zur praktischen Politik des Augenblicks und der

[40] Vgl. auch Brunck (2000), S. 161 f.

[41] Smend (1930), S. 159 und ähnlich Hartshorne (1937), S. 42.

[42] Vgl. Leisen (1964), S. 20.

[43] Vgl. Bleuel; Klinnert (1967), S. 60, S. 110 f. und S. 175; Faust (1973a), S. 134; Heither; Lemling (1992), S. 95.

[44] Vgl. Smend (1930), S. 159.

[45] Zur ausführlichen Definition vgl. Leisen (1964), S. 193 ff., Heither; Lemling (1992), S. 110, Faust (1973a), S. 130.

Parteien"[46] sein wollte und andererseits von einem großdeutschen Aktivismus gekennzeichnet war, der ihr eine Beteiligung an der studentischen Politik regelrecht aufzwang.[47] In diesem Umfeld breitete sich die bis zur Unterzeichnung des Versailler Vertrags nur in geringerem Umfang vorhandene Ablehnung der Demokratie rasch und umfassend in der Studentenschaft aus.[48]

Die Inhalte des völkisch-nationalen Programms waren facettenreich, alles andere als klar formuliert und einheitlich festgelegt. In Verklärung einer wie auch immer gearteten besseren Zeit besann man sich auf höhere Werte, setzte auf Gefühl statt Verstand, Religion statt Rationalismus, Nation statt Menschheit, Autorität statt Freiheit und stand damit im krassen Widerspruch zu den Werten der französischen Revolution.[49] Mit anderen Worten setzte „die völkische Bewegung [...] deutschen Gemeinsinn und deutsches Gemeinschaftsbewusstsein westlichem Individualismus und Liberalismus, deutsche organische Gliederung westlicher Demokratie, beseeltes Deutschtum erstarrter, kalter Zivilisation gegenüber."[50]

Eine wesentliche Folge der veränderten sozio-ökonomischen Rahmenbedingungen ist ein Wandel im Umfang der politischen Aktivität innerhalb der Studentenschaft der Philipps-Universität Marburg: War man sich in den schweren Jahren nach dem Ersten Weltkrieg noch relativ einig, stand im Sinne der Schützengrabengemeinschaft treu zueinander, so zerfiel mit zunehmendem Wohlstand und zeitlichem Abstand zum Weltkrieg der studentische Konsens in den Jahren nach 1925 langsam. Die Verschlechterung der wirtschaftlichen Lage in der Weltwirtschaftskrise trug zu einer

---

46 Smend (1930), S. 159.
47 Vgl. Smend (1930), S. 159. Zu den Wurzeln der deutsch-nationalen Bewegung vgl. Schwarz (1971), S. 342 ff.
48 Vgl. Kater (1975), S. 20.
49 Vgl. Bleuel; Klinnert (1967), S. 37 und 41.
50 Schwarz (1971), S. 372.

Verschärfung der Situation bei, bis es letztlich 1931 zur Durchsetzung politisch radikaler Gruppen in der Studentenschaft kam.

In den Jahren bis 1927 war die politische Lage in der Marburger Studentenschaft nach außen hin relativ klar definiert. Die Mehrheit der Studierenden stand hinter dem Hochschulring deutscher Art (H.d.A.)[51]. Ihm gehörten „alle völkischen Studentenverbände und der völkisch eingestellte Teil der Freistudentenschaft an“[52]. Andere Gruppen des konservativen Lagers konnten neben ihm nicht bestehen.[53] Die Inhalte seiner Arbeit waren nur schwer zu fassen, da durch den Deutschen Hochschulring (D.H.R.) versucht wurde, eine Sammlung der völkischen Gruppen in der Studentenschaft zu erreichen. Gleichzeitig wollte der D.H.R. aber auch politisch neutral sein, so dass in vielen Bereichen der kleinste gemeinsame Nenner das Ziel bilden musste.[54] Aufgrund dieser Situation musste er sich neue Aufgaben suchen und widmete sich nun verstärkt dem Wehrsport, den er ab 1929 zusammen mit dem Stahlhelm Studentenring Langemarck organisierte.[55]

Dem H.d.A. Marburg gehörten alle Korporationen an, deren Listen bei den Wahlen zum Studentenparlament 1926 etwa 70% der abgegebenen Stimmen erhielten. Weiterhin erhielt die dem H.d.A. nahestehende nationale Finkenschaft bei den Wahlen zur Studentenschaft rund 7% der Stimmen.[56] Insgesamt kann also von einem Anteil von H.d.A.-Sympathisanten von circa 80% ausgegangen werden. Die Arbeit des H.d.A. als der tragenden Gruppe in der Studentenschaft lässt sich jedoch nur schwer darstellen, da er Mitte der zwanziger Jahre seine sehr unklar definierten Ziele mit nur sehr

---

[51] Vgl. Grüttner (1995), S. 26. Zur Gründungsgeschichte: Schwarz (1971), S. 169 f.

[52] Schwarz (1971), S. 168. Vgl. auch Kater (1975), S. 24 und Steinberg (1977), S. 58.

[53] Vgl. Kater (1975), S. 22.

[54] Vgl. Schwarz (1971), S. 171.

[55] Vgl. Steinberg (1977), S. 123 f.

[56] Vgl. HT vom 20.07.1926, S. 3, Art. „Die Marburger Studentenkammer“.

Bismarckturm mit Studenten
(Quelle: Sammlung Holger Zinn)

unregelmäßig durchgeführten Veranstaltungen zu erreichen versuchte.

Obwohl von den Veranstaltungen des H.d.A. in der Tagespresse nicht berichtet wurde, muss bis 1927 von einer starken Tendenz des H.d.A. nach rechts ausgegangen werden. Deutlich wird dies im Verhalten der Korporationen. Die meisten Marburger Bünde standen, ähnlich wie die Burschenschaft Arminia, auf dem Standpunkt, dass „unter Verwerfung jeder Beteiligung der Burschenschaft als Verbindung an politischen Parteien von jedem einzelnen Mitgliede rege Beteiligung an vaterländischer Politik [verlangt werden könne]“[57]. Diese Vorstellungen deckten sich bis Mitte der zwanziger Jahre anscheinend noch mit den Inhalten des H.d.A. Marburg. Ab 1925 kamen erste kritische Stimme auf, die ihre Zustimmung zum H.d.A. nur unter der Bedingung geben wollten, dass „jeder deutsch fühlende Student, egal welcher politischen Richtung er angehört[e], Mitglied werden [könne]“[58]. 1927 kamen weitere mahnende Stimmen hinzu, die vor einem Rechtsruck im H.d.A. warnten und in ihm eine „ganz rechtsstehende Organisation“[59] sahen. Diese Einschätzung vermitteln auch die Semesterberichte des Marburger Wingolf, der sich am H.d.A. Marburg regelmäßig beteiligt hatte[60]. Dort wurde ab 1927 davon gesprochen, dass sich die „Hochschulringbewegung seit einigen Jahren immer mehr überlebt [habe] und [sich] die Verhältnisse immer unerfreulicher gestalte[te]n“[61], so dass über einen Austritt nachgedacht wurde.

---

57 Heer (1951), S. 126.

58 Schwarzburg, Jg. 1925, Ausgabe Mai, S. 120 f., Art. „Franconia-Marburg“.

59 Sieber (o.J.), S. 103.

60 Vgl. WA, Bericht über das Sommersemester 1926 des Marburger Wingolfs (158. Semester), S. 22 und Bericht über das Wintersemester 1926/27 des Marburger Wingolfs (159. Semester), S. 8.

61 WA, Bericht über das Jubelsemester 1927 des Marburger Wingolfs (160. Semester), S. 22.

Ab der zweiten Hälfte der zwanziger Jahre begann auch in Marburg eine Gründungswelle von parteipolitisch gebundenen Hochschulgruppen, deren Hauptziel es war, die lokale Hochschulpolitik auch parteipolitisch zu beeinflussen und allgemeinpolitische Themen verstärkt in das Studentenparlament einzubringen. Ein direktes Auftreten der parteipolitischen Gruppen bei den Wahlen zur Studentenschaft fand bis 1930 aufgrund der einzigartigen Wahlordnung in Marburg nicht statt. Die Namen der Amtsträger wurden bis zu den Wahlen 1929 nur mit ihrer Verbindungszugehörigkeit oder der Bezeichnung Freistudent genannt.[62] Auf die Nennung der politischen Gesinnung wurde verzichtet.

Erst in den dreißiger Jahren, als die Wahlordnung und die Satzung der Studentenschaft geändert wurden, traten Listen der parteipolitisch orientierten Hochschulgruppen direkt an, allen voran der N.S.D.St.B.[63]

Mit dem Beginn der zweiten Hälfte der zwanziger Jahre entstanden an der Universität Marburg, wie an den anderen Hochschulen im Deutschen Reich auch, Gruppen aller politischen Richtungen. Sie unterschieden sich von den bisher bestehenden Gruppen durch ihre rein politischen Inhalte, die meist an die Ziele einer bestimmten Partei gekoppelt waren.

Am linken Rand des Parteienspektrums existierten einige kleinere sozialistische Gruppen wie die Sozialistische Studentengruppe.[64] Diese wurde im Sommer 1926 gegründet und hatte zum Ziel, „alle sozialistischen Studenten Marburgs zu gemeinsamer Arbeit in der sozialistischen Bewegung und an den Problemen des Sozialismus zusammenzufassen.“[65] Ihre Mitgliederzahl schwankte

---

[62] Vgl. MHZ, Jg. 2, Heft 1, S. 13, Art. „Vorstand der Allgemeinen Marburger Studentenschaft im WS 1929/30“.
[63] Vgl. Zinn (2002), S. 131 ff.
[64] Vgl. StAM, Best. 305a acc. 1954/16, Nr. 12, Schreiben Sozialistische Studentengruppe an Rektor vom 20.07.1926.
[65] StAM, Best. 305a acc. 1954/16, Nr. 12, Satzung § 2.

meist um zehn Mitglieder. Von Aktivitäten kann nur wenig berichtet werden, da keine Quellen vorhanden sind.[66] Laut Universitätstaschenbuch von 1927 trafen sich aber ihre Mitglieder wöchentlich zur „Behandlung von Fragen sozialistischer Weltanschauung“[67].

Daneben existierte ab 1925 eine Arbeitsgemeinschaft republikanischer Studenten in Marburg.[68] In ihren Leitsätzen propagierte sie die Schaffung einer „engen Arbeits- und Erziehungsgemeinschaft“, „um dem Aufbau der deutschen Republik mit allen Kräften zu dienen“[69]. Zudem wollte sie unter ihren Mitgliedern nationale und soziale Verantwortung wachhalten, um eine Volksgemeinschaft zu schaffen, die den Wiederaufstieg des Vaterlandes ermöglichte.[70] Die Arbeitsgemeinschaft bekannte sich zur Verfassung von Weimar und „den Farben schwarz-rot-gold als Symbol des nationalen und sozialen großdeutschen Einheitsstaates“[71]. Sie war Mitglied im Kartell Republikanischer Studenten Deutschlands[72]. Ihre Mitgliederzahl belief sich in starken Jahren auf etwa 17, in schwachen auf 8 Mitglieder[73] und ihre politische Bedeutung hielt sich in engen Grenzen.[74]

---

[66] Vgl. WAR, Jg. 3, Nr. 6, S. 6, Art. „Die Sozialistische Studentengruppe in Marburg hat sich aufgelöst.“

[67] Stalmann; Kayßer (1927), S. 163.

[68] Vgl. StAM, Best. 305a acc. 1950/9, Nr. 218, Schreiben Arbeitsgemeinschaft Republikanischer Studenten an Rektor vom 14.07.1925.

[69] StAM, Best. 305a acc. 1950/9, Nr. 218, Leitsätze der Arbeitsgemeinschaft republikanischer Studenten.

[70] Vgl. StAM, Best. 305a acc. 1950/9, Nr. 218, Leitsätze der Arbeitsgemeinschaft republikanischer Studenten.

[71] StAM, Best. 305a acc. 1950/9, Nr. 218, Leitsätze der Arbeitsgemeinschaft republikanischer Studenten.

[72] Vgl. StAM, Best. 305a acc. 1950/9, Nr. 218, Satzung, § 3.

[73] Vgl. StAM, Best. 305a acc. 1950/9, Nr. 218, Mitgliederlisten.

[74] Vgl. o.V. (1932), S. 141.

Auf den Grundsätzen der Zentrumspartei aufbauend, gründete sich am Ende des Wintersemesters 1926/27 eine Zentrumsstudentengruppe.[75] „Ihre Aufgabe [sah] die Arbeitsgemeinschaft darin, ihren Mitgliedern politische Bildung zu übermitteln, auf der Grundlage eines christlichen, sozialen, demokratischen, großdeutschen Denkens."[76] Wie dies geschah, kann jedoch nicht nachvollzogen werden, da sie ihr Wirkung auf die Mitglieder beschränkte, ein Interesse der Gruppe an einer breiten Öffentlichkeitswirksamkeit war per Definition nicht vorhanden.[77]

Auf lokaler Ebene schlossen sich diese Gruppierungen zum Ortskartell republikanischer Studenten zusammen.[78] Dieses Kartell sollte „zur Wahrung der Interessen aller republikanisch gesinnten Studenten an der Philippsuniversität Marburg und zur Vertiefung des Zusammengehörigkeitsgefühls aller deutschen Volksgenossen [dienen]"[79]. Es bildete jedoch kein wirksames Gegengewicht zu der rund achtzig Prozent erfassenden Hochschulringbewegung.[80]

Im Bereich rechts von der Mitte des Parteienspektrums gab es 1927 ähnlich viele Gruppierungen, deren Aktivitäten teilweise jedoch ein wesentlich größeres Ausmaß annahmen.

Die Studentengruppe der D.V.P. (Deutsche Volkspartei), der Reichsstudentenaussschuß, später Reichsausschuß der Hochschulgruppen der D.V.P., konnte in Marburg nie Bedeutung erringen, da

---

[75] Vgl. StAM, Best. 305a acc. 1950/9, Nr. 219, Schreiben vom 6.05.1927.

[76] StAM, Best. 305a acc. 1950/9, Nr. 219, Stück 2. Ähnlich auch o.V. (1932), S. 141.

[77] Vgl. o.V. (1932), S. 141.

[78] Vgl. StAM, Best. 305a acc. 1950/9, Nr. 220, Schreiben Ortskartell an Universitätssekretariat vom 9.02.1928.

[79] StAM, Best. 305a acc. 1950/9, Nr. 220, Satzung, § 1.

[80] Wenn Conrad (1985), S. 28, vom Ortskartell als einem „Verteidigungsbündnis gegenüber rechten und rechtsradikalen Angriffen auf republikanische und demokratische Studenten" spricht, ist dies zumindest sehr fragwürdig. Betrachtet man die Mitgliederzahlen, kann es sich m.E. höchstens um den untauglichen Versuch eines solchen handeln.

es in der Studentenschaft kein Potential rechts von der Linken und links von der Rechten gab.[81]

Die Deutschnationale Studentengruppe, gegründet 1926, war eine weitere Gruppe, die rechts von der Mitte angesiedelt war.[82] Sie hatte sich zur Aufgabe gesetzt, die Jungakademiker im deutschnationalen Sinne zu erziehen und zur Mitarbeit in der D.N.V.P. (Deutschnationale Volkspartei) zu motivieren.[83]

Als dritte Gruppe des rechten Lagers entstand in Marburg schon recht früh „eine der ältesten Hochschulgruppen des Stahlhelms“[84]. Ihre Ziele waren identisch mit denen des Stahlhelm / Bund der Frontsoldaten. Den Schwerpunkt ihrer Arbeit bildete die Durchführung des Wehrsports. Die Zahl ihrer Mitglieder, unter denen sich viele Korporationsstudenten befanden, schwankte um die 40. Über Jahre pflegte sie gute Beziehungen zur Hochschulgruppe Marburg des N.S.D.St.B. und führte mit ihr z.B. gemeinsame Sprechabende und hochschulpolitische Aktionen durch.[85]

Die Gruppe mit dem nachhaltigsten Einfluss auf die Studentenschaft war auch in Marburg, wie überall im Reich, der N.S.D.St.B.[86] Sein Auftreten war von Beginn an darauf gerichtet, durch laute Propaganda die Macht in der Studentenschaft zu übernehmen. Hierbei stand er von Anfang seiner Existenz an im Konflikt mit den bis dahin die Studentenschaft tragenden Gruppen.[87]

---

[81] Vgl. Bleuel; Klinnert (1967), S. 185 f.
[82] Vgl. OZ vom 27.01.1926, S. 6, Anzeige „Akademiker“. Vgl. auch StAM, Best. 305a acc. 1954/16, Nr. 18. Eine Anmeldung der Gruppen an der Universität erfolgte erst 1930.
[83] Vgl. StAM, Best. 305a acc. 1954/16, Nr. 18, Blatt 4, Satzung Deutschnationalen Studentengruppe, § 1.
[84] OZ vom 9.06.1925, S. 5, Art. „Gründung einer ´Stahlhelm´ Ortsgruppe“.
[85] Vgl. Der Stahlhelmstudent, Jg. 1929/30, Nr. 1, S. 15 und OZ vom 15.06.1929, S. 4; Art. „Stahlhelmhochschulgruppe“.
[86] Sehr ausführlich zum N.S.D.St.B.: Brockert Dibner (1969).
[87] Vgl. hierzu ausführlich Zinn (2002), S. 141 ff.

Nachdem auf Reichsebene im Februar 1926 der Gründungsaufruf des N.S.D.St.B. im Völkischen Beobachter erschienen war[88], entstand auch in Marburg rasch eine Hochschulgruppe des N.S.D.St.B. Mit Schreiben vom 21. Mai 1926[89] trat die Gruppe an die Leitung der Hochschule heran, um die Zulassung an der Universität und die Genehmigung eines Schwarzen Brettes zu beantragen.[90] Die Gruppierung bestand anfangs aus neun Mitgliedern, die mehrheitlich aus der Freistudentenschaft kamen; nur drei Mitglieder waren korporiert.[91]

Die Ziele der Hochschulgruppe Marburg orientierten sich an denen des N.S.D.St.B. auf Reichsebene. So kämpfte auch der N.S.D.St.B. in Marburg „für das Dritte Reich sozialer Gerechtigkeit und nationaler Freiheit" und stellte sich als wissenschaftliche Aufgabe die „Bearbeitung von Spezialfragen des Nationalsozialismus", als propagandistische die „Verbreitung nationalsozialistischen Gedankenguts auf der Hochschule" sowie als erzieherische die „Heranbildung des Führernachwuchses der NSDAP"[92]. Einige weitere wesentliche hochschulpolitische Forderungen waren, dass die deutsche Hochschule frei von parlamentarischen Einflüssen, Großindustrie und Banken sowie „volksfremden Elementen"[93] sein müsse. Daraus wurde dann auch ein *numerus clausus* für volksfremde Elemente abgeleitet und die Mitgliedschaft in der D.St. nach dem Rasseprinzip gefordert.[94]

---

88 Vgl. Kater (1975), S. 148.

89 Hier irrt Conrad (1985), S. 53, der das Schreiben auf den 21.03. datiert.

90 Vgl. StAM, Best. 305a acc. 1954/16, Nr. 1, Blatt 1 f., Glauning an Rektor vom 21.05.1926.

91 Vgl. StAWü, RSF II 10, Glauning an Tempel vom 1.06.1926.

92 StAM, Best. 305a acc. 1954/16, Nr. 1, Blatt 2 f., Glauning an Rektor vom 21.05.1926.

93 StAM, Best. 305a acc. 1954/16, Nr. 1, Blatt 7 f., Aufruf des N.S.D.St.B. ohne Datum.

94 Vgl. StAM, Best. 305a acc. 1954/16, Nr. 1, Blatt 7 f., Aufruf des N.S.D.St.B. ohne Datum.

Vorderseite einer Postkarte anlässlich des Marburger Universitätsjubiläums (Quelle: Sammlung Holger Zinn)

Doch schon mit der Veröffentlichung dieser Thesen im Winter[95] geriet der N.S.D.St.B. Marburg mit der Universitätsleitung in Konflikt, da diese den „ungehörigen Inhalt“[96] der Forderungen monierte und dem N.S.D.St.B. die Nutzung des Schwarzen Brettes für vier Monate untersagte.[97] Der rüde Ton der Beschwerde des N.S.D.St.B. gegen das Vorgehen der Universitätsleitung lässt vieles von der künftigen Taktik bereits erkennen, denn Hochschulgruppenführer Hans Glauning[98] berief sich auf die verfassungsmäßig garantierte Pressefreiheit und geißelte die Entziehung des Anschlagkastens als Tat in metternichscher Tradition. Letztlich stellte er fest, „daß man heute mit Methoden des Polizeistaates mißliebige politische Richtungen dadurch mundtot zu machen versucht“[99]. Diese Angriffe des N.S.D.St.B. wurden vom Rektor der Universität noch unbeachtet gelassen und zurückgewiesen.[100]

In die Studentenschaft Marburg zogen Mitglieder des N.S.D.St.B. schon 1926 ein. Hierbei wurden zwei unterschiedliche Wege eingeschlagen. Unter der Bezeichnung Nationale Finkenschaft bildete man ein Wahlbündnis mit der Vereinigung auslands-deutscher Studierender, was den Freistudenten im N.S.D.St.B. zum Einzug in das Studentenparlament verhalf. Die restlichen Sitze wurden durch Kandidaten auf den Korporationslisten errungen, was zu vier Kammersitzen führte.[101] Der Wahlerfolg war sogar so groß, dass es nicht möglich war, alle vom N.S.D.St.B. errungenen Sitze in der

---

95 StAM, Best. 305a acc. 1954/16, Nr. 1, Blatt 7 f., Aufruf des N.S.D.St.B. ohne Datum.

96 StAM, best. 305a acc. 1954/16, Nr. 1, Blatt 16, Schreiben Rektor an N.S.D.St.B. Marburg vom 18.05.1927.

97 Vgl. StAM, best. 305a acc. 1954/16, Nr. 1, Blatt 16, Schreiben Rektor an N.S.D.St.B. Marburg vom 18.05.1927.

98 Zur Person Glaunings vgl. Heither; Lemling (1996), S. 52.

99 StAWü, RSF II 47 b, Schreiben N.S.D.St.B. Hochschulgruppe Marburg an Rektor und Senat vom 25.04.1927.

100 Vgl. StAM, Best. 305a acc. 1954/16, Nr. 1, Blatt 9 ff., Schreiben N.S.D.St.B. Marburg an Rektor und Senat vom 24.04.1927.

101 Vgl. Matheis (1985), S. 21 f.

Studentenschaft mangels Mitgliedern, die bereit waren, in die Kammer einzuziehen, zu besetzen.[102]

Von den Aktivitäten der Studentenschaft hielten die Mitglieder des N.S.D.St.B. von Anfang an nur wenig. So schilderte Hans Glauning bereits 1927 seine Ansichten über die Marburger Studentenschaft in klaren Worten. „In Wirklichkeit bestand die Studentenschaft - wenigstens soweit Marburger Verhältnisse in Betracht kommen - aus dem Vorstand der Kammer und einigen wenigen Interessierten", was auch die geringe Wahlbeteiligung bei den Kammerwahlen seiner Meinung nach gezeigt hatte. Dies war nach Glaunings Meinung auch nicht verwunderlich, da dieses System die Studierenden nur zu „kleine[n] Parlamentariern" erzog, „die auf Tagungen mit wichtigen Mienen über lächerlich unwichtige Dinge berieten"[103].

Die personellen Engpässe der Hochschulgruppe Marburg des N.S.D.St.B. konnten auch im Folgejahr nicht beseitigt werden. Anfang 1927 stellte die Hochschulgruppe Marburg in einem Schreiben an Wilhelm Tempel[104] fest, dass auf den Sprechabenden nur etwa fünf bis sieben Mitglieder anwesend waren und die errungenen Kammersitze nicht besetzt werden konnten, da nicht ausreichend Mitglieder vorhanden waren.[105] Ende 1927 stellte der Rektor fest, dass kein Vorstand des N.S.D.St.B. Marburg aufzufinden sei und „die Organisation als solche nicht mehr zu bestehen scheint"[106].

---

102 Vgl. StAWü, RSF II 10, Schreiben Glauning an Reichsleitung vom 21.04.1926.
103 BdPU, Jg. 1, Nr. 2, S. 3, Art. „Aus der nationalsozialistischen Bewegung".
104 Die Feststellung von Seier (1977), S. 345, daß Tempel auch in Marburg studiert haben soll, kann nicht verifiziert werden.
105 Vgl. StAWü, RSF II 10, Schreiben Ortsgruppe Marburg an Wilhelm [Tempel] vom 17 Februar 1927.
106 StAM, Best. 305a acc. 1975/79, Nr. 805, Schreiben Rektor an Oberbürgermeister vom 29.11.1927.

Zu den Korporationen hatte die N.S.D.St.B. Hochschulgruppe Marburg ein positives Verhältnis, denn Glauning vertrat als eines der wenigen führenden Mitglieder des N.S.D.St.B. die Meinung, dass die studentischen Verbindungen für die nationalsozialistische Bewegung gewonnen werden müssten.[107]

Im Gefüge der nationalsozialistischen Organisationen in Marburg nahm der N.S.D.St.B eine Spitzenstellung ein, und seine Zusammenarbeit mit den Organen der N.S.D.A.P. Marburg war seit Gründung der Hochschulgruppe sehr eng. Trotz des bis 1928 bestehenden Einflusses der Parteilinken unter Strasser[108] hatte die Gruppe keinen Kontakt zur Arbeiterschaft in Marburg[109]. Von der Marburger Bürgerschaft wurde sie wohlwollend akzeptiert[110], und auch die Kontakte zur Ortsgruppe der N.S.D.A.P. und zur örtlichen S.A. waren bis in die dreißiger Jahre intensiv.[111] Die Aufnahme dieser Beziehungen ging meist von den Studenten aus, da es der Ortsgruppe Marburg der N.S.D.A.P. oft an eigener Dynamik fehlte.[112]

Der Wandel in der organisatorischen Struktur und den hochschulpolitischen Rahmenbedingungen schlug sich auch in der Arbeit der Marburger Studentenschaft nieder. Immer mehr bestimmte im Laufe der zweiten Hälfte der zwanziger Jahre eine allgemeinpolitische Komponente die Aktionen der Studentenschaft in Marburg, die durch Stellungnahmen zu überregionalen Themen und Abhaltung explizit politischer Veranstaltungen mit eindeutiger Tendenz deutlich wurde. Zudem hatte sich im Zuge der Politisierung auch die Tätigkeit der Ämter und des Vorstandes der

---

107 Vgl. Faust (1973a), S. 57 ff.

108 Vgl. StAWü, RSF II 10, Schreiben Glauning an Tempel vom 24.11.1926.

109 Vgl. Kater (1975), S. 135.

110 Vgl. Koshar, (1986), S. 197.

111 Vgl. Koshar (1986a), S. 188 f., SA-Brigade (1935), S. 49 und Kater (1975), S. 186 f.

112 Vgl. Kater (1975), S. 175.

Studentenschaft verändert, und neue, allgemeinpolitische Schwerpunkte des Handelns bildeten sich heraus.[113]

Solange man sich noch unter der Aufsicht des Staates befand, stand die Arbeit aber meist im Zeichen eines überparteilichen Wollens im Sinne der gesamten Studentenschaft. Hierbei versuchte die Marburger Studentenschaft auf der Basis einer im Großteil der Gesellschaft verbreiteten nationalen Gesinnung, das Andenken an die studentische Kriegsgeneration aufrecht zu halten und zum Maßstab ihres Tuns zu machen.[114]

Für die Mehrheit der Veranstaltungen der Studentenschaft kann festgehalten werden, dass sie sich im Rahmen des damals üblichen national-konservativen Denkens bewegten und Themen behandelten, die für die Mehrheit des deutschen Volkes von Belang waren. Dies drückte sich auch im Gleichklang universitärer Meinung und studentischer Meinung in diesen Jahren aus, wobei sich Universität und Studentenschaft am rechten Rand dieses gesamtgesellschaftlichen Konsenses bewegten. Ab 1927 trat der Wandel immer deutlicher zu Tage, und die Studentenschaft bemühte sich, ihre politische Haltung zu allgemeinpolitischen Themen auf eigenen Veranstaltungen zu artikulieren. Hierbei wurden bewusst tradierte Formen, wie beispielsweise die der Abhaltung einer Reichsgründungsfeier, übernommen und mit eindeutig formulierten politischen Thesen angereichert. Einer Einflussnahme der Hochschule war die politische Agitation der Studentenschaft damit zumindest teilweise entzogen, doch schien bis 1927 auch kein Dissens zwischen der Universitätsleitung und der Studentenschaft in politischen Belangen zu bestehen und ein Eingreifen somit auch nicht notwendig zu sein. Deutlich wurde diese gemeinsame Linie auch bei den Feiern zur Immatrikulation neuer Studenten. War es bis zum Wintersemester 1924/25 den Vertretern der Studentenschaft nicht möglich, bei der Immatrikulationsfeier zu den Erstsemestern zu

---

113 Vgl. Zinn (2002), S. 148 ff.

114 Vgl. Kölner Universitätszeitung Jg. 9, Nr. 4, S. 17 f., Art. „Marburger Universitäts-Nachrichten".

sprechen, erlaubte die Universitätsleitung zumindest ab diesem Zeitpunkt die Ansprache eines Vertreters der Studentenschaft.[115]

---

[115] Vgl. StAM, Best. 305a, acc. 1950/9, Nr. 623, Blatt 134, Aktennotiz bezüglich Rede eines Vertreters der Studentenschaft.

Marburg an der Lahn während des Universitätsjubiläums
(Quelle: Sammlung Holger Zinn)

Einen ersten Höhepunkt der Politisierung in der Studentenschaft bildete der Verfassungsstreit zwischen dem preußischen Minister Becker und den Studentenschaften, wobei auch in Marburg heftig über die Frage Volksbürger- oder Staatsbürgerprinzip als Aufnahmekriterium in die Institution Studentenschaft diskutiert wurde.[116] In seiner sogenannten Weihnachtsbotschaft stellte der preußische Kultusminister Becker[117] die einzelnen Studentenschaften 1926 vor die Wahl, entweder nur mit reichsdeutschen Studentenschaften zu koalieren oder dafür zu sorgen, dass auch die auslandsdeutschen Studentenschaften für alle Studierenden offen stünden. Bei Ablehnung beider Vorschläge würde den Studentenschaften die staatliche Anerkennung entzogen werden. Fast ein Jahr später, am 27.9.1927[118], wurde das neue Studentenrecht in Preußen erlassen, und am 30.11.1927 sollte die Urabstimmung bezüglich der beiden Alternativen an allen preußischen Hochschulen stattfinden. Durch das neue Studentenrecht ergaben sich wesentliche Änderungen in der Zugehörigkeit zur Studentenschaft und in der strengeren Aufsicht des Staates über das Vermögen der Studentenschaften[119]. Bei der Abstimmung war eine deutliche Mehrheit der preußischen Studentenschaften gegen beide Lösungen[120], so dass die staatliche Anerkennung entzogen wurde und die Vermögen der Studentenschaften eingezogen wurden.[121] In der Folge organisierten sich die Studentenschaften an den einzelnen Hochschulen auf

---

116 Vgl. Deutsche Akademische Rundschau, Jg. 7, Nr. 19, S. 12, Art. „Marburg.“.

117 Zur Person Beckers vgl. Wende (1959) und kritisch Richter (1961), S. 177 ff.

118 Vgl. Giles (1985), S. 25.

119 Vgl. Seidel (1929), S. 44 und S. 57 sowie Zorn (1965), S. 291 f.

120 Leisen (1964), S. 146 und Steinberg (1977), S. 69.

121 Vgl. Derichsweiler (1938), S. 69.

freiwilliger Basis[122], ihre vom Staat gewährten Vergünstigungen entfielen vollständig. Der Wunsch nach Mitarbeit an der Hochschule bestand jedoch auch weiterhin[123], doch blieben Verhandlungen über Änderungen des Studentenrechts erfolglos[124], was sich rasch in einer veränderten politischen Haltung der Studentenschaft niederschlug.[125]

Auf lokaler Ebene war der Standpunkt der Marburger Studentenschaft klar. In einem Schreiben an die Deutsche Studentenschaft von Anfang Dezember 1926 wurde aus Marburg angemerkt, dass Einigkeit zwischen allen Gruppen der Marburger Studentenschaft zu erzielen wäre, „wenn als Verhandlungsbasis das großdeutsche Prinzip angenommen wird". Das völkische Prinzip sollte besser als „Materie für sich zur Behandlung gelang[en]"[126]. Im Ergebnis schwebte der Marburger Studentenschaft also eine Deutsche Studentenschaft, die auf dem großdeutschen Prinzip aufbaute, aber keinem rassischen Auswahlkriterium folgte, vor. Hierin sah man sich in der Tradition der D.St., da bei der Entwicklung ihrer Satzung „die Formel ´deutsche Abstammung und Muttersprache´ ohne einen antisemitischen Hintergedanken gewählt [wurde] (der Vorsitzende der Satzungskommission war ein Jude!); sie sollte nur den deutschen Hochschülern Oesterreichs und Sudetendeutschlands die Gleichberechtigung gewährleisten."[127] Nur wenige Wochen nach diesem Schreiben konnten sich die Marburger Studenten in den lokalen Zeitungen über die Vorstellungen des preussischen Kultusministers Becker informieren:[128] Erstens sei von den

---

[122] Vgl. Derichsweiler (1938), S. 72; Steinberg (1977), S. 69 und Ssymank (1930), S. 370.
[123] Vgl. Derichsweiler (1938), S. 71.
[124] Vgl. Faust (1973b), S. 102 ff.
[125] Vgl. Jarausch (1984), S. 162.
[126] BAK, R 129/141, Schreiben Marburger Studentenschaft an Vorstand der D.St. vom 1.12.1926.
[127] BdPU, Jg. 1, Nr. 2, S. 3, Art. „Die Entwicklung der Verfassungsfrage".
[128] Zur gesamten Entwicklung vgl. HT vom 28.12.1926, S. 2, Art. „Um die Reorganisation der Studentenschaft.".

Studentenschaften unberücksichtigt geblieben, dass der Rektor über die Zulassung ausländischer Studierender zu entscheiden habe, und zweitens unterlägen die Studenten bei der Auslegung der Ministerialverordnung dem Irrtum, dass es sich bei dem Terminus ´entsprechende Organisationen´ um auslandsdeutsche Studentenschaften im Sinne der Verordnung handle. Bei dem durch die Deutsche Studentenschaft angewandten Vorgehen sei im Ausland der „sehr unerwünschte Eindruck einer Auswahl nach dem Rassestandpunkt erweckt [worden]."[129] Deshalb bedeutete diese Art von Auswahl der Mitglieder nach dem Rasseprinzip eine Gefährdung des nach der Ministerialverordnung von 1920 möglichen großdeutschen Prinzips.

Ergänzend vermeldete das Hessische Tageblatt, dass Becker selbst „die großdeutsche Lösung für die erwünschenswertere [halte]"[130]. Weiter stellte Becker fest, dass bei den Vorfällen, die von Seiten des Preußischen Landtags gerügt wurden, nicht alle Studentenschaften betroffen waren, aber im Sinne einer Gleichbehandlung aller eine einheitliche Lösung angestrebt werden müsse.[131] Beckers Ziel sei eine Verständigung mit der Studentenschaft bis zum 1. März 1927, um nicht dafür sorgen zu müssen, dass die bisherigen Privilegien der Studentenschaften durch den Landtag aufgehoben werden müssten.[132] In ihren Positionen waren Becker und die Marburger Studentenschaft, wie das oben genannte Schreiben[133] zeigt, auf ähnlicher Linie. Vonseiten des Vorstands der D.St. aber wurde gegen das Verhalten Beckers protestiert, da der Vorstand der D.St. sich von Becker übergangen fühlte, weil die

---

[129] OZ vom 24.12.1926, S. 3, Art. „Dr. Becker und die Organisation der deutschen Studentenschaft" und HT vom 27.12.1926, S. 2, Art. „Studentenrecht-Reform".

[130] HT vom 27.12.1926, S. 2, Art. „Studentenrecht-Reform". Dieser Abschnitt ist in der OZ nicht mehr abgedruckt.

[131] Vgl. BdPU, Jg. 1, Nr. 1, S. 14, Art. „Zur Verfassungsfrage".

[132] Vgl. HT vom 27.12.1926, S. 2, Art. „Studentenrecht-Reform".

[133] Vgl. BAK, R 129/141, Schreiben Marburger Studentenschaft an Vorstand der D.St. vom 1.12.1926.

Aufforderung zur Änderung der Satzungen der Einzelstudentenschaften im Beckerschen Sinne den Einzelstudentenschaften direkt zuging. Deshalb stellte die D.St.-Führung in einem Schreiben an Becker fest, dass sie nicht daran denke, „den preußischen Studentenschaften eine Revision ihrer Satzung nahezulegen."[134] Bei einer Besprechung der preußischen Studentenschaften, an der auch vier Vertreter aus Marburg teilnahmen, kamen die Vertreter der Einzelstudentenschaften in wesentlichen Punkten mit der preussischen Regierung überein. So wurde man sich einig, dass es sich erstens bei der Auslegung der Ministerialverordnung von 1920 um eine Falschinterpretation vonseiten der D.St. und ihrer Mitglieder handeln müsse. Zweitens war man bereit, bei der Neuordnung der Bestimmungen bezüglich der Mitgliedschaft von Auslandsdeutschen mitzuarbeiten. Drittens wollte man keinen Einfluss auf die auslandsdeutschen Studentenschaften nehmen und sie nicht zu einer Änderung ihrer Satzungen auffordern. Viertens sprach man sich für eine Teilnahme an den Verhandlungen über die Neuordnung des Studentenrechts aus.[135]

Kritik wurde vom Kreis Westdeutschland der D.St. zu dem unter drittens gefassten Entschluss laut. Hier brachten alle Studentenschaften des Kreises V, zu dem auch Marburg gehörte, einen Gegenantrag ein. Dieser „[brachte] zum Ausdruck [...], daß zwar eine Einflußnahme der preußischen Einzelstudentenschaften auf die Gestaltung der österreichischen Verhältnisse (denn um diese handelt es sich im Grunde) schwierig sei, daß aber auf dem Wege über einen Deutschen Studententag die Einzelstudentenschaften versuchen sollten, eine Regelung herbeizuführen, die es allen Deutschen in Österreich ermögliche, der Deutschen Studenten-

134 HT vom 28.12.1926, S. 2, Art. „Um die Reorganisation der Studentenschaft."

135 Vgl. BdPU, Jg. 1, Nr. 2, S. 2 f., Art. „Die Besprechung der preußischen Einzelstudentenschaften in Magdeburg".

schaft anzugehören."[136] Dieser Antrag wurde jedoch mit knapper Mehrheit abgelehnt. Erst einige Wochen später, als am 14. Februar die Verhandlungen mit Minister Becker begannen, wurde er zur Verhandlungsbasis der Studentenschaften erhoben.[137] Resümierend stellte der Autor der Blätter der Philipps-Universität Marburg deshalb fest, dass die Vertreter der preußischen Studentenschaften besonnen an die Arbeit gegangen seien und sich „weder durch Ministerialerlasse noch durch unverantwortliche Heißsporne der extremen Flügel"[138] hätten verunsichern lassen.

Schnell kamen jedoch die Heißsporne der antirepublikanischen Gruppen, allen vorweg der N.S.D.St.B., mit ihren Forderungen an die Öffentlichkeit. Sie warfen den Vertretern der Einzelstudentenschaften vor, dass sie „den Kommilitonen in Österreich und Sudetendeutschland, die schon um die Erhaltung ihres Volkstums [rängen], in den Rücken gefallen [seien]"[139].

In der Freistudentenschaft hingegen sah man zum gleichen Zeitpunkt schon deutlich, dass das ablehnende Verhalten der D.St.-Führung die Ursache von Missverständnissen war, welche die Verhandlungen zwischen Minister und Studentenschaften nur unnötig erschwerten. Fehlinterpretationen der Beckerschen Weihnachtsbotschaft vonseiten der D.St., wie sie z.B. auch die Oberhessische Zeitung durch Weglassen des letzten Abschnitts begünstigt hatte,[140] führten dazu, dass ein Keil zwischen Staat und Studentenschaft getrieben wurde. Der Nachweis deutscher Muttersprache,

---

136 BdPU, Jg. 1, Nr. 2, S. 2 f., Art. „Die Besprechung der preußischen Einzelstudentenschaften in Magdeburg".

137 Vgl. BdPU, Jg. 1, Nr. 2, S. 3, Art. „Die Besprechung der preußischen Einzelstudentenschaften in Magdeburg".

138 BdPU, Jg. 1, Nr. 2, S. 2 f., Art. „Die Besprechung der preußischen Einzelstudentenschaften in Magdeburg".

139 StAM, Best. 305a acc. 1954/16, Nr. 1, Blatt 7 f., Aufruf des N.S.D.St.B. ohne Datum.

140 Vgl. hierzu OZ vom 24.12.1927, S. 2, Art. „Dr. Becker und die Organisation der deutschen Studentenschaft" und HT vom 27.12.1926, S. 2, Art. „Studentenrecht-Reform".

Kultur, Schulbildung und Gesinnung war nach Meinung der freistudentischen Vertreter in der Kammer der Marburger Studentenschaft sinnvoller als die Auswahl der Mitglieder über das Kriterium deutsche Abstammung.[141]

Der Konflikt verschärfte sich mit einer Antwort der preußischen Studentenschaften auf die Weihnachtsbotschaft Beckers. Darin widersprach der Vorstand der D.St. Becker, der den Studentenschaften eine eigenwillige Interpretation der Verordnung vorwarf, und behauptete, dass sie „weder vom Geist noch vom Wortlaut"[142] der Ministerialverordnung von 1920 abgewichen seien. Daneben erklärten sich der Vorstand der D.St. bereit, mit den österreichischen Studentenschaften in Verhandlungen zu treten. Würden diese jedoch zu keinem Ergebnis führen, müssten die deutschen Studentenschaften aus ihrer großdeutschen Überzeugung heraus zu den österreichischen stehen.[143]

Nur wenige Tage später, am 19. Februar, wurden diese Ergebnisse auf einer Kammersitzung in Marburg, die deutlich eine Verhärtung der Fronten, D.St.-Vorstand auf der einen, Minister auf der anderen Seite, erkennen lässt, nochmals besprochen und erklärte, dass Verhandlungen zur Beibehaltung der staatlichen Anerkennung wünschenswert wären.[144]

---

141 Vgl. BdPU, Jg. 1, Nr. 2, S. 5 f., Art. „Aus der Freistudentenschaft".
142 Vgl. BdPU, Jg. 1, Nr. 2, S. 6 f., Art. „Die Antwort der preußischen Einzelstudentenschaften an Dr. Becker".
143 Vgl. BdPU, Jg. 1, Nr. 2, S. 6 f., Art. „Die Antwort der preußischen Einzelstudentenschaften an Dr. Becker".
144 Vgl. D.St.-Bericht (1927), S. 121.

Postkarte der geschmückten Oberstadt (Quelle: Sammlung H. Zinn)

Nachdem die Kammersitzung beendet war, versuchte der N.S.D.St.B. Marburg dieses angeblich zu lasche Vorgehen zu seinen Zwecken propagandistisch auszuschlachten. Der Devise folgend, dass „die deutsche Studentenschaft sich nur aus deutschen Volksbürgern zusammensetzen [dürfe]" und deshalb „im Notfall auf die staatliche Anerkennung zu verzichten [hätte]"[145], ging der Kampf um die politische Vorherrschaft in der Studentenschaft in verschärftem Umfang weiter, und noch im Februar 1927 veröffentlichte Glauning einen Artikel in der Deutschen Zeitung[146], der den Vorstand der Marburger Studentenschaft dazu veranlasste, den Beistand des Rektors der Universität zur suchen.[147] Die Universitätsleitung stellte sich mit diesen Maßnahmen hinter den Vorstand der Studentenschaft Marburg und unterstützte dadurch deren bisherige Haltung.

Als dann im Frühsommer 1927 der Wahlkampf für die Wahl zum Studentenparlament für das Wintersemester 1927/28 und Sommersemester 1928 begann, machten sich die Anschuldigungen und Vermutungen über die Stellung der einzelnen Gruppen der Studentenschaft zur Verfassungsfrage auch im Wahlkampf bemerkbar. Im Wahlkampf machte sich z. B. die Liste der Finkenschaft dafür stark, die Arbeit der Studentenschaft auf sachlicher Ebene zu halten und auszubauen.[148]

Diese Position konnte in der Finkenschaft nicht unwidersprochen bleiben. Einem Teil der Freistudentenschaft war diese Position zu unklar. Er kritisierte die „politische Vielgestaltigkeit" der Liste der Finkenschaft, da auf ihr auch sozialistische und republikanische Studenten kandidierten. Deshalb sei es auch verständ-

---

145 Faust (1973a), S. 52.
146 Vgl. BdPU, Jg. 1, 2. Semesterfolge, Nr. 1, S. 9 f., Art. „Protokoll der Kammersitzung [vom 23.02.1927, d.V.]".
147 Vgl. BdPU, Jg. 1, 2. Semesterfolge, Nr. 1, S. 9 f., Art. „Protokoll der Kammersitzung".
148 Vgl. Wahlplakat der Liste der Finkenschaft, in: Sammelmappe Wahlkampf 1927, UB Marburg VIII A 1162 md.

lich, so die Gegenbewegung, die sich Nationale Finkenschaft (Großdeutsche Liste) nannte, dass in der Bezeichnung der Liste Finkenschaft Adjektive wie national oder deutsch fehlten. Die Nationale Finkenschaft forderte dagegen, dass „sich niemand im Augenblick der Erörterung grundsätzlicher politischer Fragen um eine klare Entscheidung herumdrücken [dürfe]."[149] Ihre Entscheidung für eine Ablehnung jeglicher Verhandlungen und einen Verzicht auf die staatliche Anerkennung war selbstverständlich.[150]

Aber auch innerhalb der Korporationslisten gab es Meinungsverschiedenheiten. Neben der bisher üblichen Hauptliste Marburger Korporationen entstand die Nationale Studentenliste. Sie wich in ihrem Programm eindeutig nur in der Frage des Verfassungsstreits von dem der Hauptliste der Marburger Korporationen ab. „In örtlicher und wirtschaftlicher Beziehung"[151] hatte sie die selben Ziele wie die Hauptliste der Marburger Korporationen. Aber als nationale Liste, die sich aus den örtlichen Corps, Landsmannschaften und Turnerschaften zusammensetzte,[152] fühlte sie sich besonders dem Erbe der Kriegsgeneration verpflichtet. Sie forderte u.a., dass versucht werden müsse, die „Studentenschaft in ihrer großdeutschen Einheit mit allen Mitteln zu erhalten"[153]. Aus dieser Gegenposition kann als Position der Hauptliste der Marburger Korporationen entnommen werden, dass sich auch diese Liste dem in der Marburger Studentenschaft ausgehandelten Kompromiss im Verfassungskampf anschloss.

---

149 Wahlplakat der Liste der Nationale Finkenschaft (Großdeutsche Liste), in: Sammelmappe Wahlkampf 1927, UB Marburg VIII A 1162 md.

150 Vgl. Erklärung zum Flugblatt der nationalen Finkenschaft, in: Sammelmappe Wahlkampf 1927, UB Marburg VIII A 1162 md.

151 Erklärung zum Wahlaufruf der Liste 1, in: Sammelmappe Wahlkampf 1927, UB Marburg VIII A 1162 md.

152 Zur Zusammensetzung der Nationalen Studentenliste vgl. OZ vom 28.07.1927, S. 3, Art. „Die Wahlen zur Studentenkammer".

153 Erklärung zum Wahlaufruf der Liste 1, in: Sammelmappe Wahlkampf 1927, UB Marburg VIII A 1162 md.

Postkarte mit Verbindungswappen (Quelle: Sammlung H. Zinn)

Das Ergebnis der Wahlen, bei denen eine Wahlbeteiligung von 70,5% zu vermelden war, war eindeutig. Unter Vernachlässigung anderer Faktoren kann festgestellt werden, dass rund 58% der Wähler einer Verhandlungslösung zustimmten, fast 35% der Wähler in Marburg keine Verhandlungslösung wollten und etwa 7% eine nicht zuordenbare Meinung vertraten. Die Studentenschaft Marburg war also im Juli 1927 von einer Verhandlungslösung, verbunden mit einem Einlenken der österreichischen Studenten, zu großen Teilen überzeugt.

Die Zusammensetzung des neuen Vorstands der Studentenschaft zeigte aber in eine andere Richtung. Nicht die größte Fraktion, die Hauptliste der Marburger Korporationen, sondern die Nationale Studentenliste stellte den ersten Vorsitzenden der Marburger Studentenschaft. Alle anderen Vorstandsposten und Ämter wurden etwa proportional zu den Stimmenanteilen bei der Wahl vergeben.[154]

Nachdem in den Semesterferien die Agitation auf einen Nullpunkt gesunken war, berichtete die Oberhessische Zeitung zu Beginn des Wintersemesters von der neuesten Entwicklung im Verfassungskampf.[155] Abgedruckt wurde die Aufforderung der D.St., dass sich alle Studenten gegen das neue preußische Studentenrecht aussprechen sollten, da sie sich vom Staat nicht in ihre Aufgaben hereinreden lassen wollte. Die D.St. wollte vielmehr „auch im freien Zusammenschluß weiter wirken […] für ihre hohen Ziele im Dienste für ein freies großdeutsches Vaterland."[156] Nur wenige Tage später meldete die Oberhessische Zeitung dann, dass der preussische Kultusminister Becker die Einzelstudentenschaften auffordere, bis Mitte Dezember 1927 in einer Abstimmung ihre Stellung zur Verfassungsfrage darzulegen. Diese Ankündigung stieß sofort

---

154 Vgl. OZ vom 28.07.1927, S. 6, Art. „Aus der Studentenschaft".
155 Vgl. OZ vom 22.10.1927, S. 2, Art. „Preußens Kampf gegen die Studentenschaft".
156 OZ vom 22.10.1927, S. 2, Art. „Preußens Kampf gegen die Studentenschaft".

auf erboste Reaktionen des D.St.-Vorstands. Eine großangelegte Werbung vonseiten der D.St. gegen das preußische Studentenrecht schien in Marburg bis zur Abstimmung jedoch nicht einzusetzen. Nur in zwei Veranstaltungen wurde auf die Thematik verwiesen. Zur Immatrikulation am 21. November 1927 erinnerte der Vertreter der Studentenschaft in seinen Grußworten nochmals an den Verfassungskampf.[157] Wenige Tage später kam es dann zu einer „Aussprache über das neue Studentenrecht"[158], wobei das Interesse bei Studierenden und Lehrkörper sehr groß gewesen zu sein scheint, da die Stadtsäle bis zum letzten Platz gefüllt waren.

Trotz dieser relativ geringen Werbearbeit der D.St. vermeldete der Vorsitzende der Marburger Studentenschaft, die anscheinend bis November 1927 gänzlich von ihrer Kompromisslösung abgerückt war, schon einige Tage vor der Abstimmung an den Vorstand der D.St. in Berlin, dass „kein Zweifel darüber bestehen [könne], daß die Marburger Studentenschaft bei der demnächst stattfindenden Urabstimmung mit großer Mehrheit das neue Studentenrecht ablehnen [werde]."[159] Worin seine Vorahnung begründet war, lässt sich nach den Ergebnissen der Wahl zum Studentenparlament im Juli nicht nachvollziehen. Scheinbar muss sich seit diesem Zeitpunkt ein anhand der Äußerungen der Beteiligten nicht nachvollziehbarer Stimmungswechsel vollzogen haben.

Am 30. November fand schließlich für alle „reichs- und auslandsdeutschen immatrikulierten Studierenden"[160] die Urabstimmung statt. Bei einer Wahlbeteiligung von 77,6% der Studierenden sprachen sich 1737 gegen und 179 für das neue Studentenrecht aus.

---

[157] Vgl. OZ vom 22.11.1927, S. 7, Art. „Universität".
[158] OZ vom 26.11.1927, S. 7, Art. „Der Kampf um das Studentenrecht".
[159] BAK, R 129/141, Schreiben Studentenschaft Marburg an Vorstand der D.St. vom 27.07.1927.
[160] StAM, Best. 305a acc. 1950/9, Nr. 645, Blatt 59, Aktennotiz betrifft Abstimmung über die Bildung von Studentenschaften.

39 Stimmen waren ungültig.[161] Dieses Ergebnis entsprach etwa den ähnlich strukturierten Hochschulen.[162]

Die zwangsläufig folgende Aberkennung der staatlichen Anerkennung brachte wesentliche Veränderungen mit sich: So musste z.B. auf die zwangsweisen erhobenen Beiträge der Studierenden verzichtet werden. Sie wurden ersetzt durch Zahlungen des D.H.R., der Industrie[163] und der Korporationsdachverbände.[164] Aber auch eine Orientierung an staatlichen Rahmensetzungen bezüglich der politischen Betätigung entfiel mit der Aberkennung. Ab 1927, als eine staatliche Aufsicht nicht mehr bestand, konnten auch die extremen Meinungen lauter als früher geäußert werden. War die D.St. bis dahin die Vertretung der gemäßigten Forderungen des völkischen Lagers, machten sich nach 1927 die Vertreter radikaler politischer Vorstellungen immer breiter.[165]

Von besonderem Interesse ist in diesem Zusammenhang die Frage, inwieweit die D.St. auch nach 1927 noch Repräsentant der deutschen Studenten war. Nach Schätzungen standen um 1929 nur noch rund 50% der Studentenschaft hinter der D.St.[166]

Die Stellung der Universität Marburg zum Verfassungsstreit war eindeutig, da die Hochschulleitung erstens hinter einer Entschließung der preußischen Rektorenkonferenz und zweitens zum Verhalten ihrer Studentenschaft stand. So lobte der Rektor Busch das besonnene Vorgehen der Studentenschaft bei der Stellung-

---

161 Zum Abstimmungsergebnis in Marburg vgl. HT vom 1.12.1927, S. 2, Art. „Die Abstimmungen über das Studentenrecht.".

162 Vgl. Leisen (1964), S. 146 ff.

163 Vgl. Zorn (1970), S. 139.

164 Vgl. Eschenburg (1965), S. 46 sowie Steinberg (1977), S. 70 und S. 106.

165 Vgl. sowie Bleuel; Klinnert (1967), S. 91 und S. 113; Kater (1975), S. 121 sowie Steinberg (1977), S. 72 f.

166 Vgl. Bleuel; Klinnert (1967), S. 216 und S. 261 sowie Leisen (1964), S. 149 ff.

nahme zur Beckerschen Weihnachtsbotschaft[167], und sein Kollege von Soden, der im Folgejahr das Rektorat führte, vermeldete schlicht, dass die neue Verfassung von der Studentenschaft „in ruhig verlaufender Abstimmung mit starker Mehrheit abgelehnt [wurde]". Auf keinen Fall dürfe, so von Soden, die Entscheidung der Studentenschaft aber als eine „Preisgabe gesamt-studentischer Organisationen"[168] verstanden werden. Der Studentenschaft wurde zudem von der Hochschulleitung der Wille zur Bildung einer studentischen Interessenvertretung positiv angerechnet, gleichzeitig wurde aber auch stillschweigendes Verständnis für das Abstimmungsverhalten der Studierenden gezeigt.[169]

Wie viel Interesse der einzelne Student und die einzelnen Gruppierungen der Studentenschaft an der Verfassungsfrage zeigten, ist nur schwer zu bestimmen. In den Schriften der Korporationen Marburgs finden sich jedenfalls keine oder nur sehr ungenaue Hinweise auf diesen Konflikt.[170] Von einer breiten öffentlichen Diskussion der Vorstellungen, wie sie von der Marburger Studentenschaft innerhalb der Deutschen Studentenschaft vertreten wurden, kann selbst in Marburg nicht berichtet werden.

---

167 Vgl. StAM, Best. 305a acc. 1975/79, Nr. 198, Rektoratsbericht Busch für das Rektoratsjahr 1926/27.

168 StAM, Best. 305a acc. 1975/79, Nr. 198, Rektoratsbericht von Soden für das Rektoratsjahr 1927/28.

169 Vgl. StAM, Best. 305a acc. 1954/16, Nr. 1, Blatt 16, Schreiben Rektor an N.S.D.St.B. Marburg.

170 Vgl. Schoof; Meyer; Sokolowski; Heuser (1967), S. 38.

Blick von der Weidenhäuser Brücke auf die Universität im Sommersemester 1927 (Quelle: Sammlung Holger Zinn)

Der gesellschaftliche Höhepunkt des Lebens in Marburg in den zwanziger Jahren war ohne Zweifel das 400. Universitätsjubiläum.[171] Bereits weit im Vorfeld wurden bei Stadt[172] und Hochschule mit der Organisation der Festlichkeiten begonnen[173], damit die Universität rechtzeitig festlich mit Bauten und Instituten ausgestaltet werden konnte. Diese Vorbereitungen betrafen aber, anders als 1877 zum 350. Jubiläum, zumeist die Universitätsleitung und die übergeordneten Ebenen. Vonseiten der Studenten setzte die Planung für die Veranstaltungen erst wesentlich später ein.

Da in dieser Darstellung das Studentenleben im Mittelpunkt steht, werden sich die Ausführungen auch hier auf die Bereiche Veranstaltungen der Studentenschaft und ihrer Organisationsformen zum Universitätsjubiläum, Teilnahme und Mithilfe an den universitären Festlichkeiten und Folgen des Jubiläums für die Lage der Studentenschaft beschränken. Am Beginn jedoch soll ein kurzer Abriss der offiziellen Festfolge stehen, um den gesamten Umfang der Feierlichkeiten verdeutlichen zu können.[174]

---

171 Vgl. StadtA Best. 330 D, Nr. 2964/12, Rechenschaftsbericht über die Verwaltung der Stadt über das Rechnungsjahr 1927. Dort wird berichtet, daß am Sonntag, den 31.07.1927 rund 40.000 Fremde in der Stadt waren.

172 Zu den organisatorischen Aufgaben der Stadt vgl. Busch (1928), S. 12 ff.

173 Vgl. Busch (1928), S. 1. Erste Vorbereitungen des Jubiläums begannen bereits 1912 unter dem Rektorat Troeltsch.

174 Die Festfolge ist zum größten Teil übernommen aus Busch (1928), S. 10 f.

Die geschmückte Reitgasse (Quelle: Sammlung Holger Zinn)

Als am Freitag, den 29. Juli 1927, die offiziellen Feierlichkeiten zum 400. Universitätsjubiläum begannen, standen Stadt und Universität ein Festwochenende bevor, das Marburg bisher so noch nicht gesehen hatte. Eingeleitet von turnerischen und sportlichen Veranstaltungen der Studenten- und Dozentenschaft am Nachmittag, fand die Festfolge gegen 18 Uhr ihren ersten Höhepunkt in der Einweihung des Denkmals für die im Ersten Weltkrieg gefallenen Studenten und Dozenten der Universität. Danach stand für die geladenen Gäste die Einweihung des Dr.-Carl-Duisberg-Hauses und des Forsthofes auf dem Programm. Gegen 20.30 Uhr traf sich die Festcorona, unter der sich bereits am ersten Tag der Festlichkeiten eine Vielzahl von Ehrengästen befand[175], in der angeblich 5.000 Personen[176] fassenden Festhalle an der Frankfurter Straße, um einen Begrüßungsabend abzuhalten. Zu der dort bereits anwesenden Festgemeinde gesellten sich nach dem Fackelzug der Studentenschaft, der ab 21 Uhr durch die Straßen der Stadt führte, auch eine Vielzahl von Studenten und Alten Herren der Marburger Korporationen. Nachdem der Fackelzug sein Ziel erreicht hatte, fand zwischen 22 und 22.30 Uhr eine Illumination der gesamten Stadt statt.[177]

Der Sonnabend begann mit Gottesdiensten aller großen Konfessionen in den Kirchen der Stadt. Ihnen folgte gegen 11 Uhr der erste von zwei Festakten in der Festhalle. Da die Vielzahl der bei einer solchen Feierlichkeit durchzuführenden Handlungen den zeitlichen Rahmen eines Festaktes sprengen würde, wurde der erste Festakt lediglich dazu genutzt, Ansprachen zu halten, Stiftungen zu übergeben und Grußworte der Hochschulen zu über-

---

[175] Eine Zusammenstellung aller Ehrengäste findet sich in: Busch (1928), S. 115 ff.

[176] Vgl. Rocholl (1937), S. 170.

[177] Vgl. Busch (1928), S. 7.

bringen. Danach fand ein Imbiss für die geladenen Gäste in der Alten Aula der Philipps-Universität Marburg statt. Der Nachmittag war der Einweihung der Erweiterungsbauten der Universität zugedacht. Nachdem gegen 15 Uhr das Kunstinstitut in der Biegenstraße[178] feierlich seiner Bestimmung übergeben worden war, folgten die Kinderklinik am Firmaneiplatz gegen 16 Uhr und die Ohrenklinik an selber Stelle gegen 17 Uhr. Parallel dazu wurden Kulturveranstaltungen in den Stadtsälen und ein *shuttle-service* zur Burgruine Frauenberg zum Kaffeetrinken angeboten. Gegen 19.30 Uhr fand das Festessen für geladene Gäste und im Anschluss daran ein Sinfoniekonzert des Kasseler Staatsorchesters statt. Den Abschluss des Tages bildete ein zwangloses Beisammensein in den Stadtsälen nach dem Konzert.

Der Reigen der Festveranstaltungen am Sonntag begann gegen 9.30 Uhr mit dem zweiten Festakt, der die Festrede und die Verkündung von Ehrensenatoren und -doktoren beinhaltete. Am Nachmittag folgte ab 13.30 Uhr ein Festzug durch die Stadt, der vom Schloss zum Bahnhof führte[179]. Dort wurde der Festzug von Sängern und Zünften ab 14 Uhr empfangen. Ab 15 Uhr wurde der Markt für die Aufführung von Festspielen genutzt, und eine Stunde später öffnete das von der Stadt Marburg spendierte Volksfest auf dem Schlossberg seine Pforten.[180] Zur gleichen Zeit etwa war für die Ehrengäste das neue Schlosskaffee reserviert und die Möglichkeit der Besichtigung des Dr.-Carl-Duisberg-Hauses und des Forsthofs gegeben. Um 21 Uhr trafen sich schließlich ehemalige Studenten und Studierende sowie eine große Zahl von Ehrengästen zu einem Festkommers im Festzelt. Ab 23.30 Uhr erfolgte eine Illumination von Schloss und Elisabethkirche.

---

[178] Jetzt: Ernst-von-Hülsen-Haus.

[179] Zum Festzug selbst vgl. Busch (1928), S. 17 ff. und S. 97 ff.

[180] Zur Gestaltung des Volksfestes vgl. Busch (1928), S. 102 ff.

Frühschoppen des Marburger SC im Sommer 1927
(Quelle: Sammlung Holger Zinn)

Vom Montag berichtet der Chronist, dass morgens ein Frühschoppenkonzert und am Nachmittag ein „gemeinsamer Abschiedstrunk der Universität und der Bürgerschaft"[181] auf dem Festplatz am Schloss stattfand, mit dem das 400. Gründungsjubiläum der Philipps-Universität Marburg seinen Abschluss fand.

Daneben herrschte an allen Ecken der Stadt ausgelassene Festtagsstimmung. In allen Lokalen überall in der Stadt und auf den Häusern der Korporationen wurden zusätzliche Möglichkeiten angeboten, neben den offiziellen Veranstaltungen den Geburtstag der Universität zu begehen. Zu diesem Festprogramm wurden neben den Ehrengästen alle früheren Angehörigen der Hochschule und sämtliche Dozenten und Studierende der Philipps-Universität Marburg, die aber einen Festbeitrag von 20,- RM entrichten mussten[182], eingeladen.

Schon bei der Einladung zum 400. Universitätsjubiläum bestand das Problem der Erfassung der ehemaligen Freistudenten, die nur über die Presse eingeladen werden konnten, während die Alten Herren der Korporationen über ihre Bünde zur Teilnahme aufgefordert wurden.[183]

So nahmen nicht alle potentiellen Teilnehmer an den Veranstaltungen teil. Einige konnten mit den vorhandenen Werbemitteln nicht erreicht werden, andere schreckte der Festbeitrag oder die vermeintlich unzureichende Versorgung mit Gästezimmern[184] vom Kommen ab, aber „glücklicher Weise konnten wir [die Philipps-Universität Marburg, d.V.] trotz solcher bedauerlichen Schwierigkeiten über einen mangelhaften Besuch nicht klagen. Die große Festhalle war bei den Akten völlig gefüllt."[185]

---

[181] Busch (1928), S. 11.
[182] Vgl. Hobrecker (1981), S. 24.
[183] Vgl. Busch (1928), S. 8 und 16 f.
[184] Vgl. hierzu Rocholl (1937), S. 168 und Müller; Michels (1938), S. 315.
[185] Busch (1928), S. 8.

Den Studentenverbindungen der Universität Marburg, die in großer Zahl zu diesem Termin auch ihre Stiftungsfeste feierten, war es wegen des großen Andrangs nicht einmal möglich, an den offiziellen Veranstaltungen des Universitätsjubiläums geschlossen teilzunehmen.[186] Teilweise wurden deshalb Parallelveranstaltungen zu den offiziellen Feierlichkeiten, wie z.B. ein Dämmerschoppen des S.C. auf der Ketzerbach oder Treffen auf den Häusern, veranstaltet[187], oder die Feierlichkeiten der einzelnen Bünde verschmolzen, wo das möglich war, mit denen der Universität, wie z.B. beim Volksfest am Schloss.[188]

---

186 Vgl. Heer (1951), S. 130.

187 Vgl. Vassel (1979), S. 264 und Heer (1951), S. 130.

188 Vgl. Müller; Michels (1938), S. 315 f.

Postkarte mit Blick den Steinweg hinab (Quelle: Sammlung H. Zinn)

Bereits im Vorfeld des Universitätsjubiläums unterstützte die gesamte Studentenschaft die Feierlichkeiten der Universität mit regelmäßigen Zuwendungen, die in Form einer Festumlage von 1,- RM je Studenten pro Semester zu zahlen waren. Von der Grundidee her sollte es sich bei der bereits 1925 eingeführten Umlage um eine einmalige Angelegenheit handeln, doch wurde die Umlage vom Sommersemester 1925 bis zum Sommer 1927 in jedem Semester erhoben.[189] In der Summe stellten die so eingenommenen etwa 10.000,- RM zwar keinen großen Posten im Vergleich zu den anderen Festgaben dar, doch die symbolische Bedeutung dieses Aktes der Verbundenheit der Studentenschaft mit der Universität Marburg bleibt bestehen.

Ähnliches gilt für den Anteil der Studentenschaft an der Finanzierung des Gefallenendenkmals der Universität.[190] Auch hier veranschlagte die Studentenschaft während dreier Semester je 1,- RM pro Studenten, was eine Gesamtsumme von etwa 7.000, - RM ergab. Aber auch bei der eigentlichen Planungsarbeit blieb die Studentenschaft nicht außen vor. So wurden der Vorsitzende der Studentenschaft und weitere Mitglieder des Vorstandes der Studentenschaft[191] neben Rektor, Oberbürgermeister, Professoren- und Dozentenvertretern und Kurator in den Jubiläumsausschuss, der die Festlichkeiten organisierte, einbezogen. Bei der Gewichtung der Veranstaltungen wurde ebenfalls die Studentenschaft maßgeblich berücksichtigt: „Die das Jubiläum eröffnende Enthüllung des Gefallenendenkmals und der das Fest schließende Kommers wurden als

---

189 Vgl. StAM, Best. 305a acc. 1950/9, Nr. 635, Studentenschaft an Kurator vom 12.03.1925.

190 Vgl. StAM, Senatsprotokolle ab 1911, Sitzungsprotokoll vom 15.01.1925, II. Verhandlungen, 5. Gefallenen-Denkmal.

191 Vgl. Busch (1928), S. 9.

wesentlich studentische Angelegenheiten angesehen, bei denen auch ein Student als erster Redner zu sprechen hatte“[192].

Weiterhin hatte das studentische Wohnungsamt die Aufgabe der Koordination von Zimmerangebot und -nachfrage für das Sommersemester übernommen. Hierzu wurde rechtzeitig vor Beginn des Jubiläumssemesters eine Vereinbarung mit dem Marburger Hausfrauenverein über Richtpreise für Zimmer im Sommer geschlossen.[193] Diese Verhandlungen waren jedoch nicht ohne Probleme, da mit einer stark steigenden Zahl von Studenten im Sommer 1927 zu rechnen war[194] und die Vermieter dies ausnutzen wollten. Der Hausfrauenverein als Unterhändler der Vermieter war nur in zähem Ringen, das sich über vier lange Sitzungen erstreckte, dazuzubringen, zumindest Richtpreise anzuerkennen. Negative Gerüchte über sehr hohe Mietforderungen, die Studenten davon abhielten, nach Marburg zu kommen, und die Androhung einer Schwarzen Liste für Vermieter führten letztlich zum Einlenken der Vermieter.[195]

An den Festtagen selbst war die Studentenschaft in vielerlei Hinsicht an den Veranstaltungen der Universität beteiligt. Von selbst verstand sich, dass die offiziellen Vertreter der Marburger Studentenschaft bei allen Festveranstaltungen zugegen waren. Daneben waren die Chargierten der Marburger Korporationen auch bei fast allen Feierlichkeiten anwesend und repräsentierten einerseits den korporierten Teil der Studentenschaft, gaben aber andererseits auch den Feiern den passenden Rahmen.

---

[192] Busch (1928), S. 4.
[193] Vgl. BdPU, Jg. 1, 2. Semesterfolge Nr. 1, S. 13, Art. „Vereinbarung der Studentenschaft mit dem Hausfrauenverein über die Zimmerpreise im Jubiläumssemester.“.
[194] Vgl. OZ vom 1.05.1927, S. 3, Anzeige „Aufruf!“ und HT vom 1.05.1927, S. 4, Anzeige „Aufruf!“.
[195] Vgl. BdPU, Sommer-Semester 1927, Merkblatt, S. 2 ff., Art. „Die Preise für Studentenzimmer im Jubiläumssemester.“.

Reitgasse während der Feierlichkeiten im Sommer 1927
(Quelle: Sammlung Holger Zinn)

Im Bereich der Organisation hatte sich die Studentenschaft Marburg ganz in den Dienst ihrer Hochschule gestellt. In einem ersten Schritt wurde versucht, die Frage der Unterbringung der Gäste zum Jubiläum der Universität zu beantworten. Hierbei bestanden mehrere Probleme. Erstens war die Lage auf dem Wohnungsmarkt durch die gewachsene Zahl von Studenten angespannt, und zweitens versuchten die Vermieter, ihre Zimmer für die Tage des Universitätsjubiläums frei zu halten, um sie an gut zahlende Festgäste vermieten zu können. Die Frage der vernünftigen Preisstruktur der Studentenzimmer wurde über das oben genannte Abkommen im Vorfeld des Jubiläums bereits reguliert. Für die Festtage, die zudem noch mit Stiftungsfesten von einzelnen Studentenverbindungen zusammenfielen, wurde den Vermietern jedoch die Möglichkeit eingeräumt, die Studentenzimmer zu höheren Preisen an die Festgäste zu vermieten. Die Studenten, weibliche Studierende blieben von dieser Regelung ausgeschlossen, sollten nach Maßgabe des Quartieramtes[196] für die Tage des Universitätsjubiläums in Massenquartiere ziehen.[197] Hierbei wurde kein Unterschied zwischen Korporations- und Freistudentenschaft gemacht. Wie diese Unterkünfte letztendlich auszusehen hatten, konnte vorab von den Verantwortlichen jedoch nicht klar gesagt werden. Es konnte lediglich versichert werden, dass die Massenquartiere „während gewisser 4 1/2 Jahre [den Jahren des Ersten Weltkriegs, d.V.]“[198] bei weitem nicht den Standards genügten, welche die Studentenschaft gedenke, beim Aufbau der Sammelunterkünfte für das Universitätsjubiläum anzulegen.

Daneben verpflichteten sich die Studenten zur Mithilfe bei den Veranstaltungen der Universität. Teile der Studentenschaft unterstützen die Organisatoren der Veranstaltungen durch Mitarbeit in

---

[196] Vgl. Busch (1928), S. 16.

[197] Vgl. HT vom 24.02.1927, S. 3, Art. „Die Quartierfrage im Sommersemester.“.

[198] BdPU, Sommer-Semester 1927, Merkblatt, S. 1, f. Art. „An unsere neuen Kommilitonen des Jubiläumssemesters.“

den vom Jubiläumsausschuss eingerichteten Ämtern. So stellte sich die Burschenschaft Alemannia vollständig in den Dienst des Hauptamtes, welchem die Koordination aller Aufgaben oblag.[199] Im Presseamt arbeiteten allein zwölf Studenten, die den Vertretern der Presse mit Rat und Tat zur Seite standen.[200] Weiterhin halfen sowohl Studenten als auch Schüler der örtlichen Gymnasien in einer Art Auskunftsstelle, die Fragen der am Bahnhof ankommenden Gäste zu beantworten.[201] Letztlich übernahm die Studentenschaft den Ordnerdienst an allen Veranstaltungen des Universitätsjubiläums und die Aufsicht über die Buden während des Volksfestes auf dem Schloss.[202]

An den eigentlichen Veranstaltungen nahm die Studentenschaft in unterschiedlichem Umfang teil. Einige Teile der Feierlichkeiten, wie die Enthüllung des Gefallenendenkmals und der Festkommers, standen unter der Federführung der Studentenschaft. Bei anderen Veranstaltungen bildete die Studentenschaft nur einen Teil der Mitwirkenden.

Die sportlichen Veranstaltungen am Freitag eröffneten den Reigen der Veranstaltungen, an denen fast 300 Studenten beteiligt waren[203], ohne dass von der Studentenschaft selbst die Federführung übernommen wurde. Ab 16 Uhr fanden unter großem Zeitdruck Leichtathletikwettkämpfe, Massenvorführungen und Staffelläufe, an denen auch Korporationsmannschaften teilnahmen, statt.[204] Am Abend fand der Begrüßungsabend im Festzelt auf dem Kämpfrasen statt. Zeitgleich bereitete sich die Marburger Studentenschaft auf den größten bis dahin in Marburg gesehenen Fackel-

---

199 Vgl. Busch (1928), S. 17.
200 Vgl. Busch (1928), S. 15.
201 Vgl. Busch (1928), S. 20.
202 Vgl. Busch (1928), S. 21.
203 Vgl. Kölner Universitätszeitung Jg. 9, Nr. 11, S. 12 ff., Art. „Marburger Universitäts-Nachrichten".
204 Vgl. HT vom 30.07.1927, S. 5, Art. „Die Jubelfeier der Philipps-Universität".

zug[205] vor, nach dessen Ende sich auch die Studenten unter die Gäste des Begrüßungsabends mischten, was den zwanglosen Charakter des Abends betonte.[206] Teilnehmer dieses Zuges waren zum einen vor allem die Mitglieder der studentischen Korporationen, von denen den Beobachtern des Hessischen Tageblattes die Mitglieder des Studentinnenvereins ins Auge fielen, und zum anderen „eine stattliche Schar Freistudenten"[207].

Beim ersten Festakt am Samstag chargierten die Vertreter der studentischen Verbindungen, wie bei allen akademischen Festakten üblich, im mit den Farben der Verbindungen geschmückten Festzelt[208], das vom Volksmund in Anlehnung an den Rektor der Universität liebevoll ´Zirkus Busch´ genannt wurde[209]. An den sonstigen Veranstaltungen war die Studentenschaft nur durch ihre gewählten Repräsentanten vertreten.

Während auch am zweiten Festakt nur die oben bereits genannten Vertreter der Studentenschaft beteiligt waren[210], waren am Festzug und dem anschließenden Volksfest rund um das Schloss, an dessen Vorbereitung die Studentenschaft maßgeblichen Anteil hatte[211], auch studentische Gruppen beteiligt. So engagierten sich z.B. die ATV Kurhessen mit einer Gruppe, die am Festzug teilnahm und später auch auf dem Schloss Schwerttänze auf-

---

205 Zum Marschweg vgl. StAM, Best. 330 Marburg C, Nr. 2829, Blatt 57, Aktennotiz Zugweg des Festzuges.

206 Vgl. HT vom 30.07.1927, S. 5, Art. „Die Jubelfeier der Philipps-Universität".

207 HT vom 30.07.1927, S. 5, Art. „Die Jubelfeier der Philipps-Universität".

208 Vgl. Busch (1928), S. 25 f. und HT vom 1.08.1927, S. 1, Art. „Der erste Festaktus.".

209 Vgl. HT vom 30.07.1927, S. 5, Art. „Die Jubelfeier der Philipps-Universität".

210 Vgl. Busch (1928), S. 78 und HT vom 1.08.1927, S. 5, Art. „Der zweite Festakt.".

211 Vgl. BdPU, Jg. 1, 2. Semesterfolge Nr. 1, S. 10 f., Art. „Protokoll der Kammersitzung".

führte[212], und die Hochschulgilde Saxnot, die das Hans-Sachs-Spiel ´Der Roßdieb zu Fünfing´ darbot[213].

Und auch am letzten Tag ließen es sich die Studenten nicht nehmen, am Frühschoppen teilzunehmen. Zahlreiche studentische Verbindungen nutzten diese Möglichkeit und beendeten ihre Stiftungsfeste mit dem Frühschoppen zum Universitätsjubiläum, bei dem, „um rechte Feststimmung zu schaffen und die Festfreude zu erhöhen"[214] nochmals das extra gebraute Festbier ausgeschenkt wurde. „Den Kehraus bildete nachmittags und abends ein Abschiedstrunk, zu dem der Magistrat aufgerufen hatte und bei dem es nochmals lustig zuging."[215]

Die von der Studentenschaft selbst veranstalteten Teile der Feierlichkeiten waren die Enthüllung des Gefallenendenkmals, die studentische Gedenkfeier und der Festkommers.

Die wichtigste Veranstaltung am Freitag war ohne Zweifel die Enthüllung des Ehrenmals für die gefallenen Studenten und Dozenten der Philipps-Universität Marburg. Von den Mitgliedern der Philipps-Universität Marburg durch Spenden und durch eine Gabe des Vorsitzenden des Universitätsbundes Häuser auf freiwilliger Basis finanziert, sollte der steinerne Löwe auf seinem Podest dem Andenken an die 587 im Ersten Weltkrieg gefallenen Lehrenden und Lernenden der Philipps-Universität Marburg dienen.[216] Die Bedeutung dieser Enthüllung spiegelte die exponierte Stellung dieses Aktes wider. Als die erste offizielle Veranstaltung des Universitätsjubiläums stellte sie gleichzeitig den ersten feierlichen Höhepunkt des Jubiläums dar. Begleitet von einer

---

212 Vgl. Busch (1928), S. 103 und S. 18.
213 Vgl. Busch (1928), S. 103.
214 HT Jubiläumsnummer vom 29.-31.07.1927, S. 11, Werbeanzeige der Victoria-Brauerei Bochum.
215 Busch (1928), S. 104.
216 Zur bau- und kunstgeschichtlichen Einordnung sowie organisatorischen Hintergrund des Denkmals und seines Baus vgl. BdPU, Jg. 1, Nummer 1, S. 10 ff., Art. „Das Gefallenendenkmal der Universität".

Reichswehrkapelle und umrahmt von einer dichten Menschenmenge, die sich bis in die Nebenstraßen des Rudolfsplatzes erstreckte, marschierte eine Ehrenkompanie der Reichswehr und die gesamten Mitglieder der Marburger Studentenschaft auf. Nach ihnen nahmen die Chargierten der Verbindungen und der Lehrkörper Aufstellung.[217]

In seinen Worten gedachte der Vorsitzende der Marburger Studentenschaft der Studenten, die nach seiner Aussage damals mit dem Bibelwort „dulce et decorum est, pro patria mori" in den Krieg gezogen seien und tapfer gekämpft hätten „bis dann nach langem Ringen die deutsche Front vor der Übermacht der Feinde zusammenbrach."[218] Diesen Männern, so der Vorsitzende der Marburger Studentenschaft weiter, deren Ziel es gewesen sei, ein neues Deutschland zu schaffen und die der heutigen Generation in ihrem Kampf für ein einiges Deutschland als Vorbild dienen sollten, sei dieses Denkmal geweiht. „Uns ihrer zu erinnern, ihnen zu danken, ist dieses hehre Denkmal errichtet in Gemeinschaft von Professoren und Studenten unserer Universität mit dem Standbild des Löwen als des Symbols deutschen Stolzes im edelsten Sinne und deutscher Kraft."[219] Und weiter führte Stalmann nach Angabe des Hessischen Tageblattes aus, dass es „heute, wo alle Kräfte im Volke im edlen Wettstreit bestrebt sind, ein neues Deutschland zu schaffen, gelte [...] die Dankespflicht nicht zu vergessen gegen die, welche ihr Leben ließen, damit Deutschland lebe."[220]

Als nächster Redner ergriff der Vorsitzende des Denkmalausschusses der Philipps-Universität Marburg, Prof. Dr. Erich Jung, das Wort. Auch er ging auf die Leistungen gerade des Marburger Jägerbatallions und der studentischen Freiwilligenregimenter in

---

217 Vgl. Busch (1928), S. 20 f. und HT vom 30.07.1927, S. 5, Art. „Die Jubelfeier der Philipps-Universität".

218 Busch (1928), S. 21 und ähnlich OZ vom 30.07.1927, S. 2 f., Art. „Den 587 Gefallenen zum Gedenken".

219 Busch (1928), S. 21 f.

220 HT vom 30.07.1927, S. 5, Art. „Die Jubelfeier der Philipps-Universität".

Ypern ein und verwies auf den Vorbildcharakter der gefallenen Kommilitonen für künftige Generationen. In der Hoffnung, dass die Opferbereitschaft der Soldaten des Ersten Weltkrieges Vorbild für kommende Generationen sei, schloss Prof. Jung. Unter dem „gemeinsamen Gesang vom guten Kameraden fiel langsam die [das Denkmal verbergende, d.V.] Hülle", und von den Ehrengästen, unter ihnen auch der preußische Kultusminister Becker, wurde eine Reihe von Kränzen niedergelegt. Danach ergriff der Oberbürgermeister der Stadt Marburg, Johannes Müller, das Wort. Er führte aus, dass der Löwe nicht primär ein Mahnmal der Trauer sei, sondern ein Aufruf zur „bejahende[n] Tat", denn „das Denkmal soll uns zurufen: Erst das Vaterland, dann der Einzelne." In seinem Schlusswort mahnte der Rektor, dass „nie über ihren [der Gefallenen, d.V.] Gräbern das trostlose Wort ´Umsonst´ stehen [dürfe]"[221], und er forderte die versammelte Festgemeinde weiter auf, an dem Glauben festzuhalten, „dass keine große und gute Tat umsonst geschah." Mit dem Abzug der Chargierten und der Ehrenkompanie der Reichswehr endete diese „Stunde ernster Weihe"[222], und die Menge zerstreute sich.

Die zweite große Veranstaltung des Universitätsjubiläums, die von der Studentenschaft vorgeschlagen und ausgerichtet wurde, war die studentische Feier am Sonnabend in der Universitätskirche. Die Grundidee dieser Veranstaltung war es, neben der geselligen Schlussfeier, dem Kommers, eine ernste feierliche Veranstaltung auch vonseiten der Studentenschaft abzuhalten. Umrahmt von Musikstücken, die zum Teil von Studenten dargeboten wurden, bildete die Rede des Privatdozenten Dr. Hans Gerber den Höhepunkt dieser Veranstaltung in der Universitätskirche. Er sprach zum Thema ´Die Idee der Universität als wissenschaftlicher Gemeinde´[223] und ging in seinen umfassenden Ausführungen auf die

---

221 Busch (1928), S. 24.
222 Busch (1928), S. 25.
223 Vgl. Busch (1928), S. 69 und HT vom 1.08.1927, S. 2, Art. „Studentische Feier in der Universitätskirche.".

studentische Freiheit ein, um abschließend festzustellen, dass die Wissenschaft die einzige Grundlage sei, auf der die studentische Gemeinschaft aufbauen könne, was mit lebhaftem Beifall von den Anwesenden begrüßt wurde.[224]

Den Höhepunkt der von der Studentenschaft allein ausgerichteten Veranstaltungen bildete jedoch der Festkommers am Sonntag.[225] Nach dem Einzug der Chargierten der Marburger Verbindungen übernahm der Vorsitzende der Marburger Studentenschaft das Präsidium und konnte zu dieser Veranstaltung in einem gefüllten Festzelt[226] neben den Vertretern von Universität und Stadt[227] auch eine Vielzahl von Ehrengästen, so z.B. die preußischen Minister Heinrich C. Becker, Oskar Hergt, Hermann Höpker-Aschoff und den Botschafter der Vereinigten Staaten von Amerika, Gould Schurman, begrüßen.[228]

Nach dem ersten Lied ergriff der zweite Vorsitzende der Studentenschaft das Wort und „gedachte in markigen Worten der Not des Deutschtums am Rhein, Weichsel, Belt und im Osten und gelobte neue Treue in alter Standhaftigkeit."[229] Weiterhin gab er der Hoffnung Ausdruck, „daß die Marburger Studenten [sich] ihrer schweren Aufgabe und ihrer Verantwortung gegenüber bewußt und freudig bereit seien, in ihrem Teil zum Wiederaufbau des deutschen Vaterlandes beizutragen."[230] Als nächster Redner folgte der preußische Kultusminister Becker, der sich im Namen seiner Ministerkollegen für die Einladung bedankte und in seinen wei-

---

224 Vgl. HT vom 1.08.1927, S. 2, Art. „Studentische Feier in der Universitätskirche.".

225 Vgl. Busch (1928), S. 9.

226 Heer (1951), S. 130 vermerkt, daß es selbst bei den Veranstaltungen der Studentenschaft den Verbindungen nicht möglich war, geschlossen teilzunehmen.

227 Vgl. StAM, Best. 330 Marburg C, Nr. 2829, Blatt 45, Notiz des Magistrats.

228 Vgl. HT vom 1.08.1927, S. 6, Art. „Der feierliche Festkommers.".

229 HT vom 1.08.1927, S. 6, Art. „Der feierliche Festkommers.".

230 Busch (1928), S. 105.

teren Ausführungen voll des Lobes für die Philipps-Universität Marburg und ihre Studierenden war. Zur weiteren Förderung der Leibesübungen übergab der Minister eine Spende von 150.000,- RM[231], die zum Bau eines Hallenbades verwendet werden sollte, denn „ernste Gedanken liegen diesem Geschenk zu Grunde: das Vaterland braucht tüchtige Männer!“[232] Nachdem Becker kurz seine Position zum Begriff Vaterland, der für ihn fest mit dem Begriff des Staates, „zu dem wir uns freudig bekennen, in dem wir alle uns einander die Hand reichen“[233], verknüpft war, dargelegt hatte „schloß [er] mit einem Hoch auf den Staat der Deutschen, in das die Studentenschaft brausend einstimmte.“[234] Nach den Worten des Kultusministers Becker folgte eine kurze Ansprache eines Vertreters der D.St. bevor der Rektor das Wort ergriff. Gegen 22.30 wurde der Kommers unterbrochen, da zu diesem Zeitpunkt die Beleuchtung von Schloss, Elisabethkirche und Bismarckturm zu sehen war. Nach dieser Pause wurde dem Rektor das Präsidium übertragen, welches von Wilhelm Busch selbst „mit launigen Worten“[235] geführt wurde, später aber bei „mustergültig gehaltener Kommersdisziplin“[236] bis gegen 2 Uhr mehrere Male wechselte.[237]

Ihren Dank für eine gelungene Vierhundertjahrfeier brachte die Studentenschaft Rektor Busch am Montag zum Ausdruck. Einheimische und Gäste „konnten am Abend noch einmal die den Berg hinaufziehende Feuerschlange eines großen Fackelzuges erblicken, den trotz aller Mühen der vergangenen Tage die Marbur-

---

231 Vgl. Busch (1928), S. 106. Nach HT vom 1.08.1927, S. 6, Art. „Der feierliche Festkommers.“ waren es 15.000,- RM.

232 OZ vom 1.08.1927, S. 8, Art. „Der Festkommers“ und Busch (1928), S. 106.

233 Busch (1928), S. 106.

234 OZ vom 1.08.1927, S. 8, Art. „Der Festkommers“.

235 HT vom 1.08.1927, S. 6, Art. „Der feierliche Festkommers.“.

236 Busch (1928), S. 106.

237 Vgl. HT vom 1.08.1928, S. 6, Art. „Der feierliche Festkommers.“ und OZ vom 1.08.1927, S. 8, Art. „Der Festkommers“.

ger Studenten ihrem Rektor als letzten Abschiedsgruß darbrachten."[238]

Vonseiten der Universität wurde der Einsatz der Studentenschaft während der Vierhundertjahrfeier der Philipps-Universität Marburg sehr gelobt. Bereits auf dem Kommers der Studentenschaft nutzte der Rektor die Gelegenheit, „um vor allem ´seiner Studentenschaft´ Worte herzlichen Dankes für das verständige Zusammenarbeiten auszusprechen."[239] In seinem Rektoratsbericht wenige Monate später lobte Busch die Studentenschaft, indem er ihr Verhalten dem der Studierenden zum 300. Jubiläum gegenüberstellte und feststellte, dass ein größerer Gegensatz kaum vorstellbar sei. Gleichzeitig sprach er den Studierenden für ihren Einsatz während der Festtage den Dank der Universität aus.[240]

Aber auch vonseiten der Stadtverwaltung wurde der Studentenschaft ein Lob für ihren Einsatz und ihr musterhaftes Verhalten ausgesprochen, obgleich zeitgleich eine nicht geringe Zahl an Stiftungsfesten stattfand.[241] Mit Stolz und Wehmut beschreibt Rektor Busch als Chronist dieser ereignisreichen Tage den Fackelzug am Montagabend und stellte, wahrscheinlich im Einvernehmen mit allen Teilnehmern der Feierlichkeiten, die Einmaligkeit dieser Tage fest: „Als die Fackeln zusammengeworfen waren und ihr Feuer verglomm, da waren die Tage zu Ende gegangen, wie Marburg sie noch nie gesehen hatte und sobald nicht wieder sehen wird."[242]

---

238 Busch (1928), S. 106.
239 HT vom 1.08.1927, S. 6, Art. „Der feierliche Festkommers.".
240 Vgl. StAM, Best. 305a acc. 1975/79, Nr. 197, Rektoratsbericht Busch.
241 Vgl. StAM, Best. 330 Marburg C, Nr. 2823, Blatt 337 ff., Bericht der Stadt über das Jubiläum.
242 Busch (1928), S. 106.

Das anlässlich des Jubiläums gestiftete Denkmal für die im Ersten Weltkrieg gefallenen Studenten der Universität Marburg (Quelle: Sammlung Holger Zinn)

Das Universitätsjubiläum brachte auch auf lange Frist wesentliche Veränderungen für die Studentenschaft mit sich. Von besonderer Bedeutung war hierbei die Einrichtung von Studentenwohnheimen. Die Philipps-Universität Marburg spielte auf diesem Gebiet eine Vorreiterrolle, da die zur Vierhundertjahrfeier der Universität Marburg übergebenen Wohnheime „bisher in Deutschland kaum ihresgleichen haben dürften und geeignet sind, erneut Marburg in vorderste Linie zu rücken."[243] Zwar waren mit den beiden Studentenwohnheimen im Vergleich zur Gesamtstudentenzahl nur wenige Wohnplätze[244] geschaffen worden, doch zeigte diese Entwicklung in eine Richtung, die in späteren Jahren weiter verfolgt und intensiviert werden sollte. Schon ab 1923 versuchte das Studentenheim e.V., ein Gelände zu erwerben, um dort ein Wohnheim und eine Erholungsstätte für Studierende zu errichten. Diesbezüglich waren sich die Verantwortlichen des Studentenheims schnell klar darüber, dass das Gelände unterhalb der Schlossmauer[245] für dieses Vorhaben bestens geeignet war.

Auf der Idee der im Krieg geborenen Lebensgemeinschaft zum einen aufbauend, sollte dieses neu zu errichtende Wohnheim erstens über den Korporationen und Fakultäten stehen[246]. Zum anderen sollte es dem Zweck der „Erzielung einer Lebensgemeinschaft unter den studierenden Mitgliedern der Studienstiftung des Deutschen Volkes"[247] dienen, da für diese Gruppe von Studierenden die „dringende Notwendigkeit [empfunden wurde], einen

---

243 HT vom 1.08.1927, S. 6, Art. „Die beiden Studentenwohnheime.".

244 Vgl. Das Studentenwerk, Jg. 1 (1927), Heft 1, S. 50 f., Art. „Marburg: Carl Duisberg-Haus und Forsthof des Studentenheim e.V.".

245 Zur Vorgeschichte des Grundstücks vgl. BdPU, Jubiläumsnummer vom Juli 1927, S. 9 ff., Art. „Aus der Vorgeschichte unserer Studentenwohnheime Dr.-Carl-Duisberg-Haus und Forsthof".

246 Vgl. o.V. (1930), S. 6.

247 O.V. (1930), S. 6.

räumlichen Mittelpunkt zu gewinnen."[248] Drittens wurde ein Ort gesucht, an dem die zahlreicher werdenden ausländischen Studierenden betreut werden konnten. Aufgrund seiner sehr beschränkten finanziellen Mittel war der Studentenheim e.V. Marburg jedoch nicht in der Lage, selbst die Finanzierung des Baus zu übernehmen. Er trug seine Pläne deshalb der Wirtschaftshilfe der D.St. vor, der es wiederum gelang, den Unternehmer Dr. Carl Duisberg für das Projekt zu interessieren, so dass letztlich die Dr.-Carl-Duisberg-Stiftung die Finanzierung des Projekts übernahm[249]. Als der Um- und Ausbau der bestehenden Gebäude beendet war, übergab Dr. Carl Duisberg das Haus dem Studentenheim e.V. Marburg mit einer Satzung, die die oben genannten Zielsetzungen konkretisierte. Nach dieser Satzung sollte die Aufgabe des Heims sein, dazu beizutragen, „die neuen studentischen Ideale der Zusammenarbeit und des Zusammenlebens zwischen Studierenden verschiedenster fachlicher, sozialer und nationaler Herkunft zu verwirklichen."[250] Weiterhin legte die Satzung der Leitung des Studentenwohnheims die Pflicht auf, einen bestimmten Anteil der Plätze an ausländische Studierende zu vergeben. Durch die Auswahl der Insassen über die Studienstiftung des Deutschen Volkes und den Akademischen Austauschdienst sollte gewährleistet werden, dass es sich bei der rein männlichen Belegschaft um „besonders hochstehende und bevorzugte Persönlichkeiten"[251] handelte. Mit Stolz konnte der Stifter deshalb schon bei der Übergabe des Hauses verkünden, dass „hier alle Bedingungen gegeben [seien], daß ein wertvolles, sowohl der Wissenschaft, als auch der deutschen Nation, wie auch dem Austausch ihrer besten Kräfte mit der gesamten Welt dienendes Zusammenleben erreicht wird."[252]

---

[248] O.V. (1930), S. 7.
[249] Vgl. o.V. (1930), S. 7.
[250] O.V. (1930), S. 8.
[251] O.V. (1930), S. 8.
[252] O.V. (1930), S. 10.

Bei der Ausführung der Bauarbeiten des nach seinem Stifter benannten Gebäudekomplexes wurde sehr auf Funktionalität und Modernität von Einrichtung und Ausstattung geachtet[253] und der Versuch unternommen, Freizeit- und Erholungsmöglichkeiten für die Studenten, wie beispielsweise einen über 11.000 Quadratmeter großen Park[254] und einen Tennisplatz, zu schaffen.[255]

Zur weiteren Bedeutung der Studentenwohnheime ist zu sagen, dass die Verantwortlichen schon damals Visionen von einer Art Studentenstadt, bestehend aus Wohnheimen und Freizeiteinrichtungen, ähnlich wie sie beispielsweise in angelsächsischen Ländern verwirklicht wurden, hatten.[256] Hierbei sollten die zum Universitätsjubiläum entstandenen Wohnheime die Keimzelle bilden.

Neben dem Dr.-Carl-Duisberg-Haus entstand ein zweites Studentenwohnheim im historischen Forsthof. Schon weit vor 1927 reifte bei den Verantwortlichen der Hessischen Landeskirchen, die ihre Studierenden vornehmlich in Marburg ausbildeten, die Idee, für diese Studenten ein Wohnheim einzurichten[257], in dem zudem auch ausländische Studenten untergebracht werden sollten.[258]. Hierbei standen die Anwesen des späteren Dr.-Carl-Duisberg-Hauses und des Forsthofes zur Auswahl. Letzteres wurde von den drei Landeskirchen Hessen-Kassel, Nassau und Frankfurt bevorzugt.[259] Bereits vor der Vierhundertjahrfeier der Universität wurden beide Häuser am 10. Juli 1927 mit einem verregneten Sommerfest im Park

---

253 Vgl. Studentenwerk, Jg. 1 (1927), Heft 4, S. 236 ff., Art. „Marburg: Einweihung des Dr.-Carl-Duisberg-Hauses und Forsthofs".

254 Vgl. Das Studentenwerk, Jg. 1 (1927), Heft 1, S. 50 f., Art. „Marburg: Carl Duisberg-Haus und Forsthof des Studentenheim e.V.".

255 Vgl. o.V. (1930), S. 11 ff. und S. 39 ff.

256 Vgl. o.V. (1930), S. 7 f.

257 Vgl. o.V. (1930), S. 7.

258 Vgl. o.V. (1930), S. 6.

259 Vgl. OZ vom 4.12.1926, S. 3, Art. „Vom Studentenheim Marburg" und Kölner Universitätszeitung, Jg. 9, Nr. 8, S. 8 f. Art. „Moderne Marburger Studentenromantik.".

und auf dem Tennisplatz der Anlage inoffiziell eingeweiht.[260] Am Freitag, den 29. Juli 1927, dem ersten Tag des Universitätsjubiläums, wurden sie dann von ihren Stiftern offiziell ihrer Bestimmung übergeben. In den Reden zur Einweihung betonten alle Redner nochmals die Bedeutung der Stiftungen. So führte Dr. Duisberg aus, dass Deutschland gute Führer brauche und der Bau eines Studentenwohnheims deshalb produktive Sozialpolitik sei. Studentenwohnheime stellten seiner Meinung nach eine Möglichkeit dar, „aus den körperlich, geistig, charakterlich und menschlich Tüchtigen der heranwachsenden Jugend die Besten auszulesen und diesen, sowie sie nicht die nötigen Mittel haben, das akademische Studium zu ermöglichen." In diesem Sinne übergab Dr. Duisberg das nach ihm benannte Haus dem Studentenheim e.V. Marburg. In der Rede zur Übergabe des Forsthofes drückte Landesbischof Kortheuer als Vertreter der stiftenden Landeskirchen seine Freude darüber aus, dass trotz finanziell schwieriger Lage die drei Landeskirchen in der Lage gewesen seien, diese Stiftung zu leisten. Doch machte er auch auf den Nutzen dieser Stiftung für die Kirchen aufmerksam, da sie „nicht nur die Gebenden, sondern weithin die Empfangenden sind"[261], weil der Forsthof als Wohnheim den eigenen theologischen Nachwuchs der stiftenden Landeskirchen beheimaten sollte.

Den Dank im Namen der Universität statteten Prof. Dr. Hermelink während der feierlichen Übergabe der beiden Stiftungen und der Rektor auf dem ersten Festakt am Samstag ab.[262]

Ob sich das Leben im Dr.-Carl-Duisberg-Haus in der vom Stifter gewünschten Weise entwickelte, lässt sich anhand eines einzigen Berichts über das tägliche Leben nur schwerlich nachvollziehen. Wie der Berichterstatter darstellte, bestanden auf dem Haus, das

[260] Vgl. StadtA Best. 330 D, Nr. 2964/21, Bericht über die Verwaltung der Stadt über das Rechnungsjahr 1927.
[261] O.V. (1930), S. 52.
[262] Vgl. Busch (1928), S. 57.

keinen Heimleiter besaß[263], einzelne Gruppen, die ihren gemeinsamen Interessen nachgingen. So existierten Turn-, Tennis- und Wandergruppen sowie eine literarische Arbeitsgemeinschaft, während andere festgesetzte Arbeitsgemeinschaften ein eher kümmerliches Dasein fristeten. Auf den preisgünstigen Buden[264] wurde bis tief in die Nacht fachlich-wissenschaftlich diskutiert und debattiert, aber auch gefeiert.[265] Der Wunsch des Stifters, einen Ort zu schaffen, an dem neue Wege der Erziehung gegangen werden sollten, schien schon wenige Jahre nach der Einweihung aufzugehen, da „das Gemeinschaftsleben im Carl-Duisberg-Haus, erwachsen durch den freien Zusammenschluss der einzelnen, begründet durch das persönlich-menschliche Verhältnis zueinander, in der freien persönlichen und sachlichen Auseinandersetzung im kleinen und kleinsten Kreise [bestand] und in dieser Weise anregend auf Mensch und Werk [wirkte]."[266]

Für weibliche Studierende wurde 1924 das Bettina-Haus gekauft. Anders als die Heime für männliche Studierende, war dieses Heim nur für wenige Bewohnerinnen ausgestattet, da man meinte, auf diese Weise den Bedürfnissen der weiblichen Studierenden besser gerecht werden zu können.[267] Als das Heim Mitte Juni 1928 eingeweiht wurde, waren sich alle Beteiligten einig, dass es sich bei dem Heim um eine wertvolle Bereicherung der Marburger Universität handelte, denn bei den Studentinnen sei das „Bedürfnis nach einem eigenen Heim noch erheblich größer als bei den Studenten."[268]

---

263 Vgl. Thimme (1930), S. 90.

264 Vgl. Kölner Universitätszeitung, Jg. 9, Nr. 8, S. 8 f., Art. „Moderne Marburger Studentenromantik".

265 Vgl. Thimme (1930), S. 88.

266 Thimme (1930), S. 88.

267 Vgl. Milch (1965), S. 18.

268 OZ vom 18.06.1928, S. 7, Art. „Einweihung eines Studentinnenheims."

Frühschoppen anlässlich der Aufnahme der Landsmannschaft Chattia in die DL im Sommer 1927 (Quelle: Sammlung Holger Zinn)

Die 1920er Jahren waren für die Universität Marburg bewegende und bewegte Jahre. Nie zuvor hat die Universität ein größeres Fest erlebt als die Feierlichkeiten zum 400. Gründungstag. Nie zuvor hat das studentische Leben an der Universität Marburg einen solchen Wandel durchlebt, da die Parteipolitik an der Hochschule Einzug hielt. Gleichzeitig expandierte die Hochschule in allen Bereichen: Die Studentenzahl stieg immens an, die Zahl der Lehrenden wuchs und die Qualität der Lehre hatte erreichte ein bis dahin nicht gekanntes Niveau: Zu Recht kann man behaupten, die 1920er Jahre waren wohl die ereignisreichsten Jahre in der Geschichte der Philipps-Universität bis dahin.

Fahnenschmuck in der Barfüßerstraße im Sommer-Semester (Quelle: Sammlung Holger Zinn)

Stadtarchiv Marburg – Bestand 330 D [zitiert als StadtA, Bestandsignatur]

Nr. 2964/12
Nr. 2964/21

Staatsarchiv Würzburg [zitiert als StAWü, Bestandsignatur]

RSF I 06 p 564
RSF II 10
RSF II 47 b

Wingolfarchiv Hannover [zitiert als: WA, Semesterberichte Marburger Wingolf]

Semesterberichte Marburger Wingolf

Bundesarchiv Koblenz [zitiert als BAK, Bestandsignatur]

R 143/3
R 129/141

Staatsarchiv Marburg - Senatsprotokolle ab 1911 [zitiert als StAM, Senatsprotokolle ab 1911, Datum]

Staatsarchiv Marburg – Bestand 330 Marburg C [zitiert als StAM, Bestandsignatur]

Nr. 2829
Nr. 2823

Staatsarchiv Marburg – Bestand 305 a, Acc. 1975/79 [zitiert als StAM, Bestandsignatur]

Nr. 805
Nr. 198
Nr. 197

Staatsarchiv Marburg – Bestand 305 a, Acc. 1954/16 [zitiert als StAM, Bestandsignatur]

Nr. 12
Nr. 1
Nr. 18

Staatsarchiv Marburg – Bestand 305 a, Acc. 1950/9 [zitiert als StAM, Bestandsignatur]

Nr. 217
Nr. 218
Nr. 219
Nr. 220
Nr. 184
Nr. 623
Nr. 645
Nr. 635

Bleuel, Hans Peter; Klinnert, Ernst: *Deutsche Studenten auf dem Weg ins Dritte Reich. Ideologien - Programme - Aktionen 1918 - 1935*, Gütersloh 1967.

Böth, Gitta: *Talare, Wichs und Jeans. Zur Geschichte der Universitätskleidung in Marburg*, Marburg 1977.

Brockert Dibner, Ruth Ursula: *The History of the National Socialist Student League*, Diss., Michigan 1969.

Brunck, Helma: „Ideologische Strömungen in der Deutschen Burschenschaft zur Zeit der Weimarer Republik und des Nationalsozialismus“, in: *Einst und Jetzt. Jahrbuch des Vereins für corpsstudentische Geschichtsforschung*, Jg. 45 (2000), S. 161-175.

Busch, Wilhelm: *Die Vierhundertjahrfeier der Philipps-Universität Marburg. Festbericht im Auftrag erstattet vom derzeitigen Prorektor W. Busch*, Marburg 1928.

Conrad, Till: *Die politische Entwicklung der Studentenschaft in Marburg 1926 - 1935*, Diplomarbeit, Marburg 1985.

Derichsweiler, Albert: *Die rechtsgeschichtliche Entwicklung des deutschen Studententums von seinen Anfängen bis zur Gegenwart*, Diss. jur., München 1938.

Deutsche Studentenschaft: *Bericht über das Jahr 1926/27*, Berlin 1927, [zitiert als: D.St.-Bericht (1927)].

Doeberl, Michael: Abschnitt „Marburg“ in: Doeberl, Michael (Hg.): *Das akademische Deutschland*, Band 2, Berlin 1931, S. 943 ff.

Eschenburg, Theodor: „Aus dem Universitätsleben vor 1933“, in: Flitner, Andreas (Hrsg.): *Deutsches Geistesleben und Nationalsozialismus. Eine Vortragsreihe an der Universität Tübingen*, Tübingen 1965, S. 24-46.

Faust, Anselm: *Der Nationalsozialistische Deutsche Studentenbund. Studenten und Nationalsozialismus in der Weimarer Republik*, 2. Bände, Düsseldorf 1973. [Band 1 zitiert als: Faust (1973a) und Band 2 zitiert als: Faust (1973b)].

Giles, Geoffrey J.: *Students and National Socialism in Germany*, Princeton 1985.

Grüttner, Michael: *Studenten im Dritten Reich*, Paderborn 1995.

Hartshorne, Edward Yarnell: *The German universities and National Socialism*, London 1937.

Heer, Georg: *Marburger Studentenleben 1527 bis 1927*, Marburg 1927.

Heer, Georg (Bearb.): *Die Marburger Burschenschaft Arminia*, Marburg 1951.

Heither, Dietrich; Lemling, Michael: „Die studentischen Verbindungen in der Weimarer Republik und ihr Verhältnis zum Faschismus", in: Elm, Ludwig (Hrsg.): *Füxe, Burschen, alte Herren: studentische Korporationen vom Wartburgfest bis heute*, Köln 1992, S. 92-156.

Heither, Dietrich; Lemling, Michael: *Marburg, O Marburg ... Ein „Antikorporierter Stadtrundgang"*, Marburg 1996.

Hobrecker, Hermann: „Die Studentenschaft bei den großen Jubiläen der Philipps-Universität seit 1627", in: *alma mater Philippina*, Sommersemester 1981, S. 22-24.

Holland, Meta: „Deutsche Christliche Vereinigung Studierender Frauen (D.C.V.S.F.)", in: Doeberl, Michael (Hg.): *Das akademische Deutschland*, Band 2, Berlin 1931, S. 550.

Jarausch, Konrad H.: *Deutsche Studenten 1800 - 1970*, Frankfurt am Main 1984.

Kater, Michael H.: „Krisis des Frauenstudiums in der Weimarer Republik", in: *Vierteljahresschrift für Sozial- und Wirtschaftsgeschichte*, Jg. 59 (1972), S. 207-255.

Kater, Michael H.: *Studentenschaft und Rechtsradikalismus in Deutschland 1918 - 1933*, Hamburg 1975.

Koshar, Rudy: *Social Life, Local Politics and Nazism. Marburg 1880 - 1935*, Chapel Hill 1986 [zitiert als Koshar (1986a)].

Koshar, Rudy: Contentious citadel: "Bourgeois crisis and Nazism in Marburg / Lahn 1880 – 1933", in: Childers, Thomas (Hrsg.): *The formation of the Nazi Constituency 1919 - 1933*, Croom Helm 1986, S. 11-36 [zitiert als Koshar (1986b)].

Kröger, Martin; Thimme, Roland: *Die Geschichtsbilder des Historikers Karl Dietrich Erdmann*, München 1996.

Leisen, Adolf: *Die Ausbreitung des völkischen Gedankens in der Studentenschaft der Weimarer Republik*, Diss. phil., Heidelberg 1964.

Matheis, Lothar: *Der NS-Studentenbund in Marburg bis zum Frühjahr 1933*, Diplomarbeit, Marburg 1985.

Mertens, Lothar: *Vernachlässigte Töchter der alma mater: ein sozialhistorischer und bildungssoziologischer Beitrag zur strukturellen Entwicklung des Frauenstudiums in Deutschland seit der Jahrhundertwende*, Berlin 1991.

Milch, Toni: „Die Anfänge des Marburger Bettina-Hauses", in: *alma mater Philippina*, Sommersemester 1965, S. 18-20.

Müller, D. G.; Michels, F. (Bearb.): *Die Guestphalia zu Marburg. Der Chronik 2. Teil, 1880-1935*, Melsungen 1938.

Müller, Joachim: „Deutsche Christliche Studentenvereinigung (D.C.S.V.)", in: Doeberl, Michael (Hg.): *Das akademische Deutschland*, Band 2, Berlin 1931, S. 547-549.

O.V.: *Allgemeinstudentische Ehrenordnung der Marburger Studentenschaft*, 4. Auflage, Marburg 1924 [enthalten in UB VIII C 1162 ge, zitiert als o.V: (1924b)].

O.V.: *Satzungen des Marburger Waffenrings. Beschlossen und genehmigt im Sommersemester 1920, neu zusammengestellt auf Grund der*

Satzungsänderungen bis zum S.-S. 1924, Marburg ohne Jahr [1924] [enthalten in UB VIII C K I 44, zitiert als o.V: (1924b)].

O.V.: *Dr. Carl Duisberg-Haus Studentenwohnheim zu Marburg an der Lahn*, Leverkusen 1930.

O.V.: *Studienführer der Universität Marburg*, Marburg 1932.

O.V. „Statistik der immatrikulierten Studierenden an den wissenschaftlichen Hochschulen im Deutschen Reich für das Wintersemester 1927/28", in: *Vierteljahreshefte zur Statistik des Deutschen Reichs*, Jg. 1928, Heft IV, S. 109 und *Statistik des Deutschen Reichs*, Bd. 408 [zitiert als: Statistik (1928)].

Peukert, Detlev: *Die Weimarer Republik. Krisenjahre der Klassischen Moderne*, Frankfurt am Main 1987.

Richter, Werner: „Rezension zu: Wende, Erich (1959): C. H. Becker. Mensch und Politiker. Ein biographischer Beitrag zur Kulturgeschichte der Weimarer Republik", Stuttgart 1959, in: *Neue Sammlung*, Jg. 1 (1961), S. 177-194.

Rocholl, Paul: *Geschichte des Corps Teutonia Marburg von 1905-1936*, Schwerin 1937.

SA-Brigade 47 (Kassel) (Hrsg.): *Die Geschichte der Kurhessischen SA* (= Handbuch für den Gau Kurhessen der N.S.D.A.P., Folge 2), Kassel 1935.

Schneider, Ulrich: „Weimarer Republik und Faschismus", in: o.V.: *Marburg: Eine illustrierte Stadtgeschichte; Wirtschaft und Kultur, Armseliges und Herrschaftliches, Torheit und Gelehrsamkeit aus 850 Jahren. Mit einem Rundgang durch die Stadt*, 2. Auflage, Marburg 1985, S. 113-123.

Schoof, Hermann; Meyer, Bodo; Sokolowski, Helmut; Heuser, Ulrich (Bearb.): *Geschichte der Landsmannschaft Hasso-Guestfalia 1867 - 1967*, Marburg 1967.

Schulze, Friedrich; Ssymank, Paul: *Das deutsche Studententum von den ältesten Zeiten bis zur Gegenwart 1931*, 4. völlig neu bearbeitete Auflage, München 1932.

Schwarz, Jürgen: *Studenten in der Weimarer Republik. Die deutsche Studentenschaft in der Zeit von 1918 bis 1923 und ihre Stellung zu Politik*, Berlin 1971.

Seidel, Herbert: *Die rechtliche Organisation der Deutschen Studentenschaft*, Diss. jur., Leipzig 1929.

Seier, Hellmut: „Radikalisierung und Reform als Problem der Universität Marburg 1918 - 1933", Heinemeyer, Walter; Klein, Thomas; Seier, Hellmut (Hrsg.): *Academica Marburgensis. Beiträge zur Geschichte der Philipps-Universität*, Band 1, Marburg 1977, S. 303-352.

Sieber, Helmut (Bearb.): *Festschrift zum 100. Stiftungsfest der Marburger Burschenschaft Alemannia*, Arnsberg, o.J.

Sikorski, Hans; Kayßer, Friedrich: *Marburger Universitätstaschenbuch*, 1. Auflage, Hannover und Darmstadt 1925.

Smend, Rudolf: „Hochschule und Politik", in: Doeberl, Michael (Hrsg.): *Das akademische Deutschland*, Band 1, Berlin 1930, S. 153-162.

Spranger, Eduard: „Das Wesen der deutschen Universität", in: Doeberl, Michael (Hrsg.): *Das akademische Deutschland*, Band 1, Berlin 1930, S. 1-38.

Ssymank, Paul: „Organisation und Arbeitsfelder der Deutschen Studentenschaft", in: Doeberl, Michael (Hrsg.): *Das akademische Deutschland*, Band 1, Berlin 1930, S. 363-384.

Stalmann, Otto; Kayßer, Friedrich: *Marburger Universitätstaschenbuch, Jubiläums-Semester Sommer 1927 Winter-Semester 1927/28*, Marburg 1927.

Steinberg, Michael Stephen: *Sabers and Brown Shirts. The German Students´ Path to National Socialism 1918 - 1935*, London und Chicago 1977.

Thimme, Hans:" Gemeinschaftsleben im Dr.-Carl-Duisberg-Haus", in: *Studentenwerk*, Jg. 4 (1930), Heft 3, S. 88-90.

Titze, Hartmut (Hrsg.): *Datenhandbuch zur deutschen Bildungsgeschichte, Band 1: Hochschulen, Teil 1: Das Hochschulstudium in Preußen und Deutschland 1820 - 1944*, Göttingen 1987.

Titze, Hartmut (Hrsg.): *Datenhandbuch zur deutschen Bildungsgeschichte, Band 1: Hochschulen, Teil 2: Wachstum und Differenzierung der deutschen Universitäten 1830 - 1945*, Göttingen 1995.

Turnerschaft Schaumburgia: *Festschrift zur Feier des 50jährigen Bestehens, Essen ohne Jahr [1929]* [zitiert als: Schaumburgia (1929)].

Vassel, Klaus (Bearb.): *Corpsgeschichte der Hasso-Nassovia zu Marburg 1839 - 1936. Eine Nacherzählung von Klaus Vassel*, Recklinghausen 1979.

Wende, Erich: C. H. Becker. *Mensch und Politiker. Ein biographischer Beitrag zur Kulturgeschichte der Weimarer Republik*, Stuttgart 1959.

Zinn, Holger: *Zwischen Republik und Diktatur. Die Studentenschaft der Philipps-Universität Marburg in den Jahren 1925 bis 1945*, Köln 2002 (Reihe Abhandlungen zum Studenten- und Hochschulwesen, Band 11).

Zinn, Holger: „Überall ausgelassene Festtagsstimmung. Zum Engagement der Studentenschaft anlässlich der 400-Jahr-Feier der Philipps-Universität 1927", in: *Marburger UniJournal*, Nr. 12 (Juli 2002), S. 51-54.

Zorn, Wolfgang: „Die politische Entwicklung des deutschen Studententums 1918 - 1933", in: Stephenson, Kurt; Scharff, Alexander; Klötzer, Wolfgang (Hrsg.): *Darstellungen und Quellen zur Geschichte der deutschen Einheitsbewegung im neunzehnten und zwanzigsten Jahrhundert*, Band 5, Heidelberg 1965, S. 223-307.

Zorn, Wolfgang: "Student politics in the Weimarer Republic", in: *Journal of contemporary history*, Jg. 5 (1970), S. 128-143.

Zeitungen

Oberhessische Zeitung (OZ)

Hessisches Tageblatt (HT)

Die Schwarzburg

Marburger Hochschulzeitung (MHZ)

Westdeutsche Akademische Rundschau (WAR)

Der Stahlhelmstudent

Das Studentenwerk

Blätter der Philipps-Universität (BdPU)

Kölner Universitätszeitung

Deutsche Akademische Rundschau

Über den Autor

Prof. Dr. Holger Zinn hat selbst an der Philipps-Universität in Marburg studiert, ist Diplom-Volkswirt und promovierter Historiker. Sein Interesse galt von Anfang seines Studiums der Geschichtswissenschaften der Wirtschafts-, Bildungs- und der Universitätsgeschichte. In diesem Zusammenhang sind zahlreiche Publikationen entstanden, so zum Beispiel seine Dissertation über die Entwicklungen innerhalb der Marburger Studentenschaft zwischen 1925 und 1945, ein Überblick über das Kameradschaftswesen im Dritten Reich am Beispiel von Marburg und zahlreiche kleinere Schriften oder Beiträge. Im Bereich der Bildungsgeschichte entstand 2017 eine umfassende Geschichte des Fernunterrichts in Deutschland, die mit dem Sonderpreis des Bundesverbandes der Fernstudienanbieter ausgezeichnet wurde. Daneben entstanden zahlreiche Festschriften für Bildungseinrichtungen, Verbände und Unternehmen.

Holger Zinn ist seit 2002 selbstständig als Unternehmensberater, Dozent und Sachverständiger auf dem Gebiet des Marketings. Von 2010 an ist er im Bereich der digitalen Lehre tätig und unterrichtet im virtuellen Studium der DIPLOMA Hochschule in Bad Sooden-Allendorf und berät Unternehmen in Fragen der Digitalisierung ihrer Fort- und Weiterbildungsangebote.

Mehr unter www.holgerzinn.de

Hinweise für interessierte Autoren

Die Reihe *Carrière - Steinbruch ethnologisch-kulturwissenschaftlich-er Beiträge* ist insbesondere für junge Autoren gedacht, denen bislang eine passende Publikationsplattform für von ihnen bearbeitete Themen fehlte. Nicht nur Studenten höherer Fach-semester fällt es aufgrund fehlender „akademischer Weihen" even-tuell schwer, mit ihren Manuskripten, Referaten oder Essays ein Publikum außerhalb des Hörsaales zu erreichen. Dabei finden sich gerade hier oftmals gute und förderungswürdige Ansätze, die aber leider häufig verloren gehen, da sie keinen Eingang in spätere, veröffentlichte Arbeiten finden. *Carrière - Steinbruch ethnologisch-kulturwissenschaftlicher Beiträge* soll dabei mehr sein, als nur ein Titel – es ist ein Motto: neben in sich geschlossenen, fertig gestalteten Arbeiten sind es gerade unfertige, thematisch angerissene Projekte, die ähnlich einem heraus gebrochenen und roh vorgearbeitetem Stein der Allgemeinheit zugänglich gemacht werden, damit ein weiterer Künstler respektive Handwerker seines Faches diesen Stein aufgreift und vollendet.

Carrière - Steinbruch ethnologisch-kulturwissenschaftlicher Beiträge druckt dabei Originalbeiträge in deutscher oder englischer Sprache ab. Beigefügte Bilder oder Unterlagen müssen einen Herkunfts- und Erlaubnisvermerk für die Wiedergabe haben. Bei eingereichten Materialien von weniger als 30 Seiten (Formatierungsvorlage folgend) behält sich der Herausgeber vor, diese in einer Art Sammelband zu veröffentlichen. Einem Wiederabdruck an anderer Stelle steht seitens des Herausgebers nichts im Wege, solange sichergestellt ist, dass die Veröffentlichung in der Reihe *Carrière - Steinbruch ethnologisch-kulturwissenschaftlicher Beiträge* zeitlich früher erfolgt.

Hinweise zur Formatierung:

Um die Publikationen innerhalb der Reihe *Carrière - Steinbruch ethnologisch-kulturwissenschaftlicher Beiträge* für die Autoren weitgehend kostenfrei gestalten zu können, ist die Mitarbeit jedes einzelnen Autors unumgänglich. Dies gilt insbesondere in der Layoutgestaltung der Manuskripte. Kurz gesagt, von komplexen Vorformatierungen sollte Abstand genommen werden. Folgend ein paar Hinweise zur Gestaltung.

Längere Aufsätze sollten durch Zwischenüberschriften unterteilt werden. Überschriften sind in der gleichen Schriftgröße in Fett zu formatieren. Weitere Zwischenüberschriften sind durch vorangehende und folgende Leerzeilen vom laufenden Text abzusetzen. Eine weitere Hervorhebung erfolgt nicht.

Der Beitrag kann Abbildungen, Schaubilder und Graphiken enthalten, die je nach Bildfolge durchnummeriert, durch einen knappen Text erläutert und mit einer Quellenangabe versehen werden. Bei Abbildungen stehen die Angaben im Gegensatz zu Tabellen unter der dazugehörenden Abbildung. Die Abbildungen sind zusätzlich als Bilddatei in komprimierter Form einzureichen (.jpg, .jpeg).

Literaturangaben sowie Anmerkungen erfolgen in Fußnoten. Die Aufschlüsselung der Literaturangaben erfolgt im Literatur- und – falls gegeben – Quellenverzeichnis am Ende des Essays. In der Fußnote erfolgen Literaturangaben im Schema: Ropohl 1979:12. Angaben wie *ff* hinter Seiten sind zu vermeiden. Auch bei Online-Quellen gilt es Autor und / oder Herausgeber anzugeben – zusätzlich das Abrufdatum.

Rechtschreibung & Schreibweise: Es sind entweder die Regeln der alten Rechtschreibung oder die der neuen Rechtschreibung anzuwenden. Mischformen sollten vermieden werden. Der Autor ist für die orthographische sowie grammatikalische Korrektheit seines Beitrages verantwortlich. Fremdwörter aus flektierenden Sprachen können grammatikalisch in den deutschen Fließtext eingearbeitet werden (z.B. die Kreuzigung Christi). Bei nicht flektierenden Sprachen ist auf Genitiv- oder Pluralkennzeichnungen zu verzichten (z.B. ein Samurai, zwei Samurai). Nicht im Duden stehende Fremdwörter sind kursiv zu setzen. Das gilt nicht für Eigennamen. Der Text sollte weder automatische noch handgesetzte Trennungen enthalten. Der gesamte Text ist in herkömmlicher Groß- und Kleinschreibung zu verfassen. Auf Versalien-Schrift ist zu verzichten. Hervorhebungen erfolgen ausschließlich kursiv.

Abkürzungen sind beim ersten Auftreten in folgender Klammer zu entschlüsseln, es sei denn, es handelt sich um eingebürgerte Abkürzungen außerhalb von Fachsprachen. Zahlen kleiner als 13 sind als laufender Text zu schreiben. Sonderzeichen sind im Fließtext mit Bedacht zu gebrauchen. Insbesondere auf Sonderzeichen, die für verschiedene Textverarbeitungsprogramme spezifisch sind, sollte verzichtet werden

Anführungszeichen und Apostrophe: Typographische Anführungszeichen stehen am Anfang unten („) und am Ende oben und kopfstehend (“). Bitte achten Sie darauf, dass nicht unterschiedliche Sorten von Anführungszeichen gemischt werden. Um Apostrophe zu erzeugen (bei einfachen Anführungen, bei Auslassungen wie bei „für's“ oder Genitiven im Englischen [nicht im Deutschen!]) die Apostroph-Taste betätigen (SHIFT+#), nicht die Taste accent-grave ^ oder accent-aigu (').

Manuskripte sind an den Herausgeber zu richten:

Kalden-Consulting

Email: info@kalden-consulting.de